도올만화맹자 2

도올만화맹자 2

이루 · 만장 · 고자 · 진심

맹자 원작 | **도올** 역주 | **보현 · 안승희** 만화

통나무

차례

도올 만화 맹자 2

이루 상하(離婁 上下) • 7
하은주 삼대 • 54

만장 상하(萬章 上下) • 73
선양의 문제 • 122

고자 상하(告子 上下) • 135
맹자의 몸철학 Ⅰ • 186

진심 상하(盡心 上下) • 201
맹자의 몸철학 Ⅱ • 254

[도올 선생님 특강] 맹자 강의 목록 • 267
상세목차 • 274

등장인물

맹자

인간의 성선을 굳게 믿고 주장한 전국시대의 사상가. 공자의 유가사상을 계승하였다고 자부했으며, 위나라·제나라 등 여러 나라를 돌며 군주들에게 유세한 뒤 고향 추나라로 돌아가 제자들과 함께 자신의 사상을 정리한다.

만장

맹자의 제자 중 가장 나이 많고 역사에 조예가 깊은 학자. 맹자에게 날카로운 역사적 질문을 제기하여 맹자가 역사적 설화를 재구성하는 데 큰 역할을 한다.

고자

제나라 직하학궁의 대학자. 맹자와 인간의 본성에 대한 치열한 논쟁을 펼쳐 맹자 도덕론의 성립을 돕는다.

우

황하 주변의 치수사업을 완성한 공로로 순에게 선양받았으나, 최초로 왕위를 세습하게 하여 아들 계가 하나라를 연다.

순

황제·전욱·제곡·요와 함께 (삼황) 오제의 한 사람. 아버지와 계모의 학대를 받으면서도 효를 멈추지 않았기에 요에게 인정받고 왕위를 선양받아 천자가 된다.

탕

하나라의 마지막 왕, 폭군 걸을 물리친 상(은)나라의 시조.

〈복희여와도〉

이루 상하
離婁 上下

이루 상 - 1

孟子曰: "離婁之明, 公輸子之巧, 不以規矩, 不能成方員;
맹자왈   이루지명   공수자지교   불이규구   불능성방원

맹자께서 말씀하셨다.

"이루의 시력과 공수자의 손재주가 있어도 콤파스와 곱자를 쓰지 않으면 정확한 사각형과 원을 그릴 수 없다.

*이루: 시력이 좋기로 유명한 전설의 인물

규 구

사광

사광의 놀라운 청력이 있어도 **여섯 음률**을 쓰지 않으면 **다섯 음계**를 바르게 할 수 없는 것처럼, 요·순의 위대한 치세 원칙이 있다 할지라도 **인한 정책**에 의거하지 않으면 천하를 평화롭게 다스릴 수 없다.

師曠之聰, 不以六律, 不能正五音; 堯舜之道, 不以仁政, 不能平治天下.
사광지총   불이육률   불능정오음   요순지도   불이인정   불능평치천하

今有仁心仁聞而民不被其澤, 不可法於後世者, 不行先王之道也.
금유인심인문이민불피기택   불가법어후세자   불행선왕지도야

지금 군주에게 인한 마음이 있고 인하다고 명성이 높은데도 그 혜택이 백성에게 미치지 않아 후세의 모범이 되지 못하는 이유는, **선왕지도**를 실천하고 있지 않기 때문이다.

*선왕지도: 중국의 문명을 만든 선왕들의 업적

旣竭心思焉, 繼之以不忍人之政, 而仁覆天下矣.
기갈심사언   계지이불인인지정   이인부천하의

성인은 또한 마음과 생각을 다해 사람에게 차마 어쩌지 못하는
인한 정치를 베푸시니, 인의 덕성이 온 천하를 뒤덮었다.

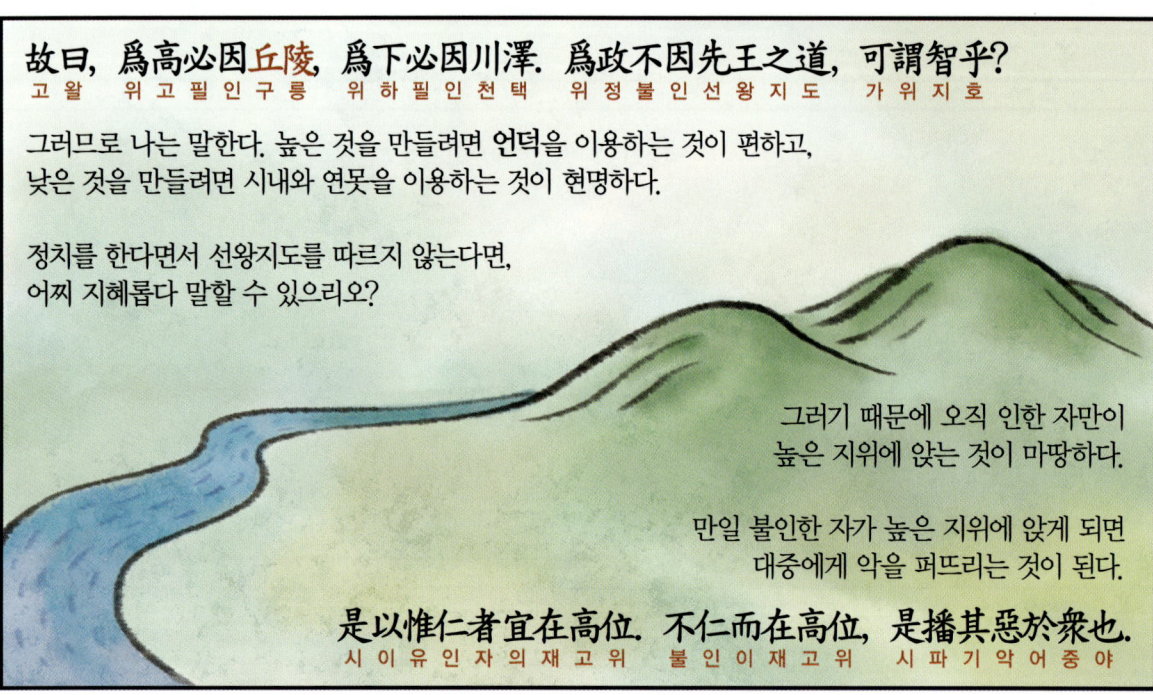

故曰, 爲高必因丘陵, 爲下必因川澤. 爲政不因先王之道, 可謂智乎?
고왈 위고필인구릉   위하필인천택   위정불인선왕지도   가위지호

그러므로 나는 말한다. 높은 것을 만들려면 언덕을 이용하는 것이 편하고,
낮은 것을 만들려면 시내와 연못을 이용하는 것이 현명하다.

정치를 한다면서 선왕지도를 따르지 않는다면,
어찌 지혜롭다 말할 수 있으리오?

그러기 때문에 오직 인한 자만이
높은 지위에 앉는 것이 마땅하다.

만일 불인한 자가 높은 지위에 앉게 되면
대중에게 악을 퍼뜨리는 것이 된다.

是以惟仁者宜在高位. 不仁而在高位, 是播其惡於衆也.
시이유인자의재고위   불인이재고위   시파기악어중야

上無道揆也, 下無法守也, 朝不信道, 工不信度, 君子犯義, 小人犯刑,
상무도규야   하무법수야   조불신도   공불신도   군자범의   소인범형

國之所存者幸也.
국지소존자행야

위의 군주가 도를 기준으로 삼지 않고,
아래의 신하가 법을 지키지 않으며, 조정이 도의를 믿지 않고,
장인들이 도량형을 믿지 않고, 관리가 의를 범하고,
백성들이 형벌을 어기는데도 국가가 멸망하지 않는다면,
이는 요행에 불과한 것이다.

故曰, 城郭不完, 兵甲不多, 非國之災也; 田野不辟, 貨財不聚, 非國之害也.
고 왈   성곽불완   병갑부다   비국지재야   전야불벽   화재불취   비국지해야

그러므로 말하노라.
성곽이 튼튼하지 않다거나, 군사장비가 많지 않은 것은 국가의 재앙이 아니다.
농지와 산림이 개간되지 않고 재화가 모이지 않는다고 해서 나라가 망하는 것이 아니다.

上無禮, 下無學, 賊民興, 喪無日矣.
상무례   하무학   적민흥   상무일의

위에 있는 자들이 예의를 지킬 줄 모르고,
아래에 있는 자들이 배우지 못하면
백성은 도적이 되어 봉기를 일으키게 되니,
그리하면 국가의 멸망이 얼마 남지 않은 것이다.

詩曰: '天之方蹶, 無然泄泄.' 泄泄, 猶沓沓也.
시 왈   천지방궐   무연예예   예예   유답답야

『시』는 노래한다.   '하늘이 주나라 왕실을 뒤엎으려 하시는데,
신하들이여! 그렇게 **떠들고만** 있을 때가 아니로다!'

예예는 요새 말로 **답답**과 같다.

事君無義, 進退無禮, 言則非先王之道者, 猶沓沓也.
사군무의   진퇴무례   언즉비선왕지도자   유답답야

군주를 섬기는데 의가 없고, 나아가고 물러감에 예가 없으며,
입만 열면 선왕지도를 비난하는 자들을 가리켜 **쓸데없이 말만 많다**고 하는 것이다.

이루-상·하

故曰, 責難於君謂之恭, 陳善閉邪謂之敬, 吾君不能謂之賊."
고 왈　책난어군위지공　　진선폐사위지경　　오군불능위지적

이루상 - 2

孟子曰: "規矩, 方員之至也; 聖人, 人倫之至也.
맹자왈　규구　방원지지야　성인　인륜지지야

맹자께서 말씀하셨다.

"규구는 사각형과 원형의 지극한 기준이며, 성인은 인륜의 지극한 기준이다.

欲爲君, 盡君道; 欲爲臣, 盡臣道. 二者皆法堯舜而已矣.
욕위군　진군도　욕위신　진신도　이자개법요순이이의

훌륭한 임금이 되려면 임금의 도리를 다해야 하고, 훌륭한 신하가 되려면 신하의 도리를 다해야 한다. 이 두 가지는 모두 요임금·순임금을 본받는 것일 뿐이다.

요　순

신하가 순이 요를 섬긴 도리로써 임금을 섬기지 않으면 곧 그 임금을 공경하지 않는 것이고, 임금이 요가 백성을 다스린 도리로써 다스리지 않으면 곧 자신의 백성을 해치는 것이다.

不以舜之所以事堯事君, 不敬其君者也; 不以堯之所以治民治民, 賊其民者也.
불이순지소이사요사군　불경기군자야　불이요지소이치민치민　적기민자야

孔子曰: '道二, 仁與不仁而已矣.'
공자왈　도이　인여불인이이의

공자께서 말씀하셨다.

'사람의 길은 둘밖에 없다.
인 아니면 불인일 뿐, 중간 타협은 없다!'

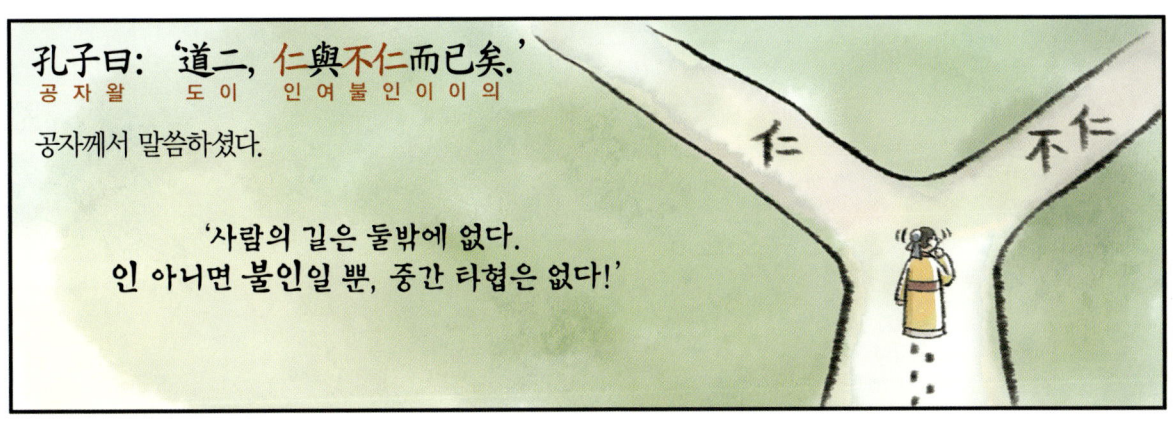

이루-상·하

暴其民甚, 則身弒國亡; 不甚, 則身危國削.
폭 기 민 심   즉 신 시 국 망   불 심   즉 신 위 국 삭

백성을 폭정으로 괴롭히는 것이 극심하면 곧 군주의 몸은 죽고 나라는 망한다.
폭정이 극심하지 않다고 해도 그 군주의 몸은 위태롭게 되고 나라는 영역을 빼앗길 것이다.

名之曰 '幽' '厲,' 雖孝子慈孫, 百世不能改也.
명 지 왈 유   려   수 효 자 자 손   백 세 불 능 개 야

그런 군주에게는 '유'나 '려'의 시호가 붙게되는데,
이렇게 되면 효성스럽고 자애로운 후손이 나오더라도
백세가 지나도록 그것을 바꿀 수 없다.

주나라의
악명 높은 폭군들

유왕   려왕

詩云: '殷鑒不遠, 在夏后之世.' 此之謂也.
시 운   은 감 불 원   재 하 후 지 세   차 지 위 야

은나라가 거울삼을 일은 멀리 있지 않았다.
바로 하나라의 마지막 임금 걸의 운명이
본보기였거늘!
— 『시』

이 노래가 바로 나의 설명 그대로이다.

孟子曰: "三代之得天下也以仁, 其失天下也以不仁.
맹자왈   삼대지득천하야이인   기실천하야이불인

맹자께서 말씀하셨다.

"하·은·주 삼대의 왕조가 천하를 얻은 것은 인한 정치 때문이었고, 삼대가 천하를 잃은 것은 인하지 못한 정치 때문이었다.

夏 - 商(殷) - 周
하   상   은   주

한 나라가 폐하느냐 흥하느냐, 존속하느냐 망하느냐 또한 같은 문제이다.
천자가 불인하면 온 세상을 보전할 수 없고, 제후가 불인하면 사직을 보전할 수 없다.

國之所以廢興存亡者亦然. 天子不仁, 不保四海; 諸侯不仁, 不保社稷;
국지소이폐흥존망자역연   천자불인   불보사해   제후불인   불보사직

卿大夫不仁, 不保宗廟; 士庶人不仁, 不保四體.
경대부불인   불보종묘   사서인불인   불보사체

경과 대부가 불인하면 종묘를 보전할 수 없고,
선비와 서인이 불인하면 자기 몸 하나 보전할 수 없다.

종묘

사직

今惡死亡而樂不仁, 是猶惡醉而强酒."
금오사망이락불인   시유오취이강주

지금 사람들이 죽는 것은 싫어하면서도
불인한 것은 좋아하는데, 이것은
술 취하기를 싫어하면서도 술을 억지로
퍼먹고 있는 것과 마찬가지다."

孟子曰: "愛人不親, 反其仁; 治人不治, 反其智;
맹 자 왈   애 인 불 친   반 기 인   치 인 불 치   반 기 지

禮人不答, 反其敬.
예 인 부 답   반 기 경

내가 남을 아껴줬는데 그가 나를 친하게 생각지 않는다면, 나의 인함을 반성하라!

내가 사람을 다스렸는데 다스려지지 않는다면, 나의 지혜를 반성하라!

내가 남에게 예를 다했는데 예로 답하지 않는다면, 진실로 공경했는가 반성하라!

行有不得者, 皆反求諸己, 其身正而天下歸之.
행 유 부 득 자   개 반 구 저 기   기 신 정 이 천 하 귀 지

詩云: '永言配命, 自求多福.'"
시 운   영 언 배 명   자 구 다 복

『시』도 이렇게 노래하고 있지 않은가!

행하여 내가 기대한 것이 얻어지지 않을 때는 항상 **그 원인을 나에게서 구하라.**

나의 몸이 바르게 되면 천하사람들이 모두 나에게로 돌아온다.

길이길이 네 속의 천명과 함께하는 것이 너의 복을 구하는 길이리라.

이루 상 - 5

孟子曰: "人有恒言, 皆曰, '天下國家.'
맹자왈   인유항언 개왈   천하국가

天下之本在國, 國之本在家, 家之本在身."
천하지본재국   국지본재가   가지본재신

맹자께서 말씀하셨다.

"사람들이 모두 일상적으로 '천하국가'라는 말을 하는데,
천하의 근본은 **나라**에 있고, 나라의 근본은 **가정**에 있으며,
가정의 근본은 나 개인의 **몸**에 있다는 것을 깨달아야 한다."

이루 상 - 6

孟子曰: "爲政不難, 不得罪於巨室.
맹자왈   위정불난 부득죄어거실

맹자께서 말씀하셨다.

"정치를 바르게 하는 것이 어려울 것은 없다.
우선 나라를 움직이는 명문가 경대부들에게 죄를 얻지 말아야 한다.

거실들이 군주를 존경하면 한 나라의 전 국민들이 존경하게 되고,
전 국민이 존경하면 천하 사람들이 다 같이 존경하게 된다.
그러면 그 군주의 덕에 의한 가르침이 세차게 흘러넘쳐 온 세상에 넘실거리게 된다."

巨室之所慕, 一國慕之; 一國之所慕, 天下慕之; 故沛然德敎溢乎四海
거실지소모   일국모지   일국지소모   천하모지   고패연덕교일호사해

孟子曰: "天下有道, 小德役大德, 小賢役大賢;
맹자왈   천하유도 소덕역대덕 소현역대현

맹자께서 말씀하셨다.

"천하에 도가 있으면 작은 덕이 큰 덕에게 부림을 당하고, 작은 현자는 큰 현자에게 부림을 당한다.

天下無道, 小役大, 弱役强. 斯二者, 天也. 順天者存, 逆天者亡.
천하무도   소역대 약역강   사이자 천야   순천자존   역천자망

천하에 도가 없으면 작은 자는 큰 자에게 부림을 당하고, 약자는 강자에게 부림을 당한다. 이 두 경우 모두 자연스러운 하늘의 이치이다.

그러므로 하늘의 뜻을 따르는 자는 살아남고,

하늘의 뜻을 거스르는 자는 멸망한다.

齊景公曰: '旣不能令, 又不受命, 是絶物也.'
제경공왈   기불능령   우불수명   시절물야

제경공은 이렇게 말한 뒤,

그들에게 명령을 내릴 입장이 못되면서 그들의 명령조차 듣지 않는다면,

이는 국교를 단절하는 것이다.

제나라 군주
경공

涕出而女於吳.
체출이여어오

눈물을 흘리며 그 딸을 오나라로 시집보냈다.

今也小國師大國而恥受命焉, 是猶弟子而恥受命於先師也.
금야소국사대국이치수명언　시유제자이치수명어선사야

지금 소국이 대국을 스승처럼 받들면서도
대국의 명령을 받는 것을 수치스럽게 생각하는 것은,
마치 제자가 스승으로부터 명령 받는 것을
수치스럽게 여기는 것과 같다.

如恥之, 莫若師文王. 師文王, 大國五年, 小國七年, 必爲政於天下矣.
여치지　막약사문왕　사문왕　대국오년　소국칠년　필위정어천하의

만약 그것이 수치스럽거든 문왕을 스승으로 삼으면 되는데,
문왕을 스승으로 삼는다면 큰 나라는 5년, 작은 나라는 7년이면
기필코 천하에 인한 정치를 베풀 수 있을 것이다.

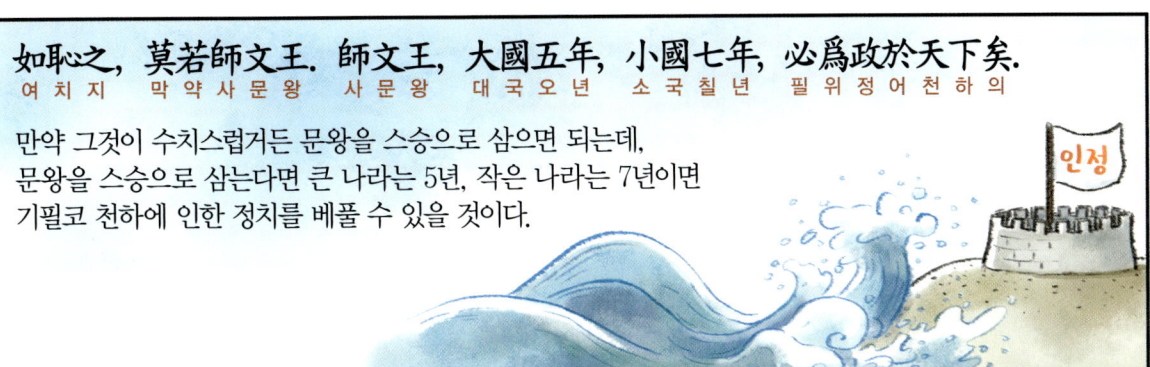

詩云: '商之孫子, 其麗不億. 上帝旣命, 侯于周服. 侯服于周, 天命靡常.
시운　상지손자　기려불억　상제기명　후우주복　후복우주　천명미상
殷士膚敏, 祼將于京.'
은사부민　관장우경

『시』는 노래한다.

'상(은)나라의 자손들아!
그대들은 10만 명이 넘는
대국의 문화를 이어받았지만,
상제께서 이미 주나라에 천명을 건넸기에
주나라에 복종할 수밖에 없었으니,
이는 천명이 항상 그대들의 곁에만
있어주지는 않기 때문이다.
은나라의 선비들은 아름답고 총명한지라,
주나라의 수도 호경에서
울창주를 부으면서
강신제를 돕는구나!'

이루-상·하

孔子曰: '仁不可爲衆也. 夫國君好仁, 天下無敵.'
공자왈　인불가위중야　부국군호인　천하무적

공자께서 말씀하셨다.

'사람이 많다고 해서 인한 사람에게 맞설 수는 없다.
한 나라의 임금이 인정을 실천하기를 좋아하기만 한다면,
그는 천하무적이다.'

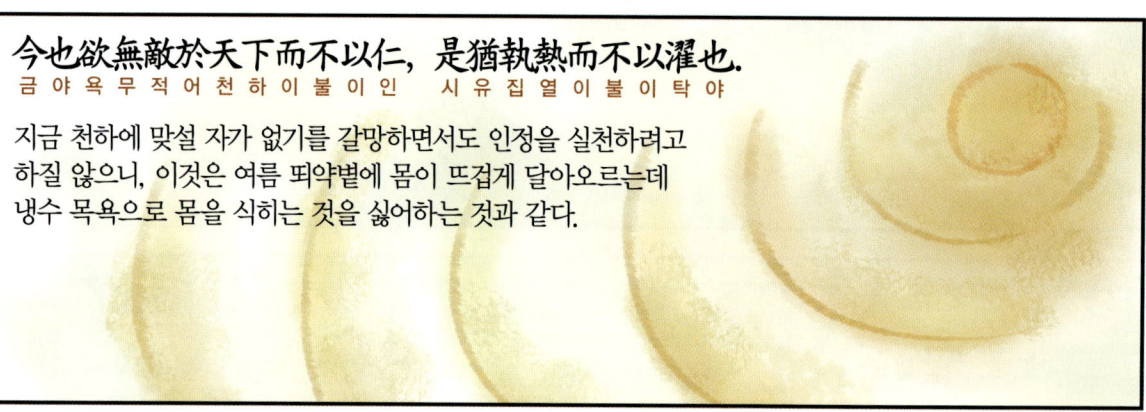

今也欲無敵於天下而不以仁, 是猶執熱而不以濯也.
금야욕무적어천하이불이인　시유집열이불이탁야

지금 천하에 맞설 자가 없기를 갈망하면서도 인정을 실천하려고
하질 않으니, 이것은 여름 뙤약볕에 몸이 뜨겁게 달아오르는데
냉수 목욕으로 몸을 식히는 것을 싫어하는 것과 같다.

詩云: '誰能執熱, 逝不以濯?'"
시운　수능집열　서불이탁

『시』는 노래한다.

'누가 몸이 열에 달아올라 고통스러운데,
냇가로 가 몸을 식히지 않으리오?'

孟子曰: "桀紂之失天下也, 失其民也; 失其民者, 失其心也.
맹 자 왈　　걸 주 지 실 천 하 야　　실 기 민 야　　실 기 민 자　　실 기 심 야

"걸왕과 주왕이 천하를 잃은 것은 그 백성을 잃은 것이다.
그 백성을 잃었다는 것은, 그들의 마음을 잃은 것이다.

得天下有道: 得其民, 斯得天下矣;
독 천 하 유 도　　독 기 민　　사 득 천 하 의

천하를 얻는 방법이 있으니,
백성을 얻으면 곧 천하를 얻는 것이다.

得其民有道: 得其心, 斯得民矣;
독 기 민 유 도　　독 기 심　　사 득 민 의

백성을 얻는 방법이 있으니,
백성의 마음을 얻는 것이
곧 백성을 얻는 것이다.

천하 – 백성 – 민심

得其心有道: 所欲與之聚之, 所惡勿施, 爾也.
독 기 심 유 도　　소 욕 여 지 취 지　　소 오 물 시　　이 야

백성의 마음을
얻는 방법은

백성이 원하는 것을 주고,
그들을 위하여 모아둔다.
그리고 백성이 싫어하는 것은
주지 않는다.

…그것뿐이다.

民之歸仁也, 猶水之就下, 獸之走壙也.
민 지 귀 인 야 유 수 지 취 하 수 지 주 광 야

백성들이 인으로 돌아가는 것은
물이 아래로 흐르는 것처럼,
짐승들이 들판을 달리는 것처럼
자연스러운 것이다.

故爲淵歐魚者, 獺也; 爲叢歐爵者, 鸇也;
고 위 연 구 어 자 달 야 위 총 구 작 자 전 야

물고기들을 연못 깊은 데로 쫓는 것이 수달이고,
참새들을 숲 속으로 쫓는 것이 새매이듯,

爲湯武歐民者, 桀與紂也.
위 탕 무 구 민 자 걸 여 주 야

탕왕과 무왕을 위해 백성을 휘몰아 준 사람은
바로 폭군 걸왕과 주왕이었던 것이다.

今天下之君有好仁者, 則諸侯皆爲之敺矣. 雖欲無王, 不可得已.
금천하지군유호인자　즉제후개위지구의　수욕무왕　불가득이

지금 천하의 제후 중에 인정을 베풀기 좋아하는 자가 있다면,
나머지 모든 제후들이 그를 위해 백성들을 휘몰아 주게 될 것이다.
이렇게 되면 나는 천하를 통일하는 왕자가 되기 싫다고 발버둥쳐도 불가능한 일이다.

今之欲王者, 猶七年之病求三年之艾也. 苟爲不畜, 終身不得.
금지욕왕자　유칠년지병구삼년지애야　구위불축　종신부득

지금 천하를 통일하는 왕자가 되고 싶다고 소망하는 것은
7년 동안 지병을 앓아온 환자가 3년 말린 쑥을 구하는 것과도 같다.
평소에 쑥을 말려두지 않는다면, 죽을 때까지 구할 수 없을 것이다.

쑥뜸요법

苟不志於仁, 終身憂辱, 以陷於死亡.
구부지어인　종신우욕　이함어사망

평소에 인을 실천하는 데 뜻을 두지 않으면
평생 걱정과 오욕이 닥치고,
결국 사망에 이르고 말뿐이다.

詩云: '其何能淑, 載胥及溺.' 此之謂也."
　시 운　　기하능숙　재서급닉　　차지위야

『시』는 노래한다.

'지금 그대가 하는 짓이 어찌 선하다고 말할 수 있겠느뇨?
서로 끌어당겨 재앙 속으로 같이 빠져들 뿐이로다!'

이 노래는 내가 하는 말을
잘 뒷받침해주고 있다."

> 孟子曰: "自暴者, 不可與有言也; 自棄者, 不可與有爲也.
> 맹자왈 자포자 불가여유언야 자기자 불가여유위야

맹자께서 말씀하셨다.

"자기에게 폭력을 가하는 자와는 더불어 말할 수 없고, 자기를 버리는 자와는 더불어 일을 도모할 수 없다.

言非禮義, 謂之自暴也;
언비례의 위지자포야

입만 열면 예와 의를 비난하는 것을 자포라 하고,

吾身不能居仁由義, 謂之自棄也.
오신불능거인유의 위지자기야

나 자신은 인에 살고 의롭게 행동하는 것이 불가능하다고 하는 것을 자기라고 한다.

仁, 人之安宅也; 義, 人之正路也. 曠安宅而弗居, 舍正路而不由, 哀哉!"
인 인지안택야 의 인지정로야 광안택이불거 사정로이불유 애재

인은 사람의 가장 편안한 집이고, 의는 사람의 가장 반듯한 길이다.

그토록 편안한 집을 비워놓고 그곳에 살 생각을 하지 않으며, 그토록 바른 길을 저버리고 그곳으로 걸어갈 생각을 하지 않으니, 얼마나 슬픈 비극인가!"

孟子曰: "求也爲季氏宰, 無能改於其德, 而賦粟倍他日.
맹자왈 구야위계씨재 무능개어기덕 이부속배타일

맹자께서 말씀하셨다.

"염구가 계씨의 총재가 되어 계씨의 행위를 바로잡기는커녕, 세금으로 거둬들이는 곡물을 이전보다 두 배로 늘려 받았다.

孔子曰: '求非我徒也, 小子鳴鼓而攻之可也.'
공자왈 구비아도야 소자명고이공지가야

그러자 공자가 화가 나서 말했다.

구는 우리의 무리가 아니다.

아해들아! 북을 울려라! 저놈을 공격함이 옳다!

공자의 제자 염구

由此觀之, 君不行仁政而富之, 皆棄於孔子者也. 況於爲之强戰?
유차관지 군불행인정이부지 개기어공자자야 황어위지강전

이로 미루어 볼 때, 군주가 인정을 실천하지 않는데 신하가 되어
오히려 군주를 부유하게 만드는 자들은 모두 공자에게 혐오의 대상이 되었다.

하물며 군주가 무리한 전쟁을 일으키는 것을 돕는 신하들은 어떻겠는가?

爭地以戰, 殺人盈野; 爭城以戰, 殺人盈城. 此所謂率土地而食人肉,
쟁지이전   살인영야   쟁성이전   살인영성   차소위솔토지이식인육

罪不容於死.
죄불용어사

땅을 빼앗기 위해 전쟁을 일으켜 죽은 사람들의 시체가 들에 가득차고 성을 빼앗기 위해 전쟁을 일으켜 죽은 사람들의 시체가 성에 가득차게 한다. 이는 땅을 거느리고 나아가 땅으로 하여금 인육을 먹도록 만드는 것이니, 이런 죄는 사형으로도 다 용서받지 못한다.

故善戰者服上刑, 連諸侯者次之, 辟草萊、任土地者次之."
고선전자복상형 연제후자차지   벽초래   임토지자차지

그러므로 전쟁을 좋아하는 놈들은 모두 극형에 처하라!

병가

제후들을 연합하여 전쟁을 부추기는 놈들은 그 다음의 형벌에 처하라!

종횡가

황무지를 무리하게 개간하여 그 땅을 농민들에게 떠안겨, 군주의 세금수입만을 증가시키는 놈들은 그 다음의 형벌에 처하라!

법가

淳于髡曰: "男女授受不親, 禮與?" 孟子曰: "禮也."
순 우 곤 왈　　남 녀 수 수 불 친　예 여　　맹 자 왈　　예 야

曰: "嫂溺, 則援之以手乎?"
왈　수 닉　즉 원 지 이 수 호

曰: "嫂溺不援, 是豺狼也.
왈　수 닉 불 원　시 시 랑 야

男女授受不親, 禮也; 嫂溺, 援之以手者, 權也."
남녀수수불친 예야 수닉 원지이수자 권야

남녀가 직접 손으로 물건을 주고받지 않는 것은 평상시의 당연한 예이지만, 물에 빠진 형수를 손으로 끌어내는 것은 상황에 따른 **방편**입니다."

曰: "今天下溺矣, 夫子之不援, 何也?"
왈 금천하닉의 부자지불원 하야

지금 천하가 물에 빠졌는데, 선생께서 적극적으로 구원의 손을 뻗치지 않는 것은 무슨 이유입니까?

曰: "天下溺, 援之以道;
왈 천하닉 원지이도

천하가 물에 빠졌다면 그것은 반드시 인의의 도로써 구원해야 합니다.

嫂溺, 援之以手. 子欲手援天下乎?"
수닉 원지이수 자욕수원천하호

형수가 물에 빠졌으면 손으로 잡아당겨야겠지만, 선생께서는 형수를 손으로 잡는 그런 방편으로써 천하를 구원하시겠습니까?

公孫丑曰: "君子之不敎子, 何也?" 孟子曰: "勢不行也.
공손추왈 군자지불교자 하야 맹자왈 세불행야

공손추가 여쭈었다.

"군자가 자식을 직접 가르치지 않는 것은 무엇 때문입니까?"

맹자께서 말씀하셨다.

"감정의 흐름이 자연스럽게 흘러가지 않기 때문이다.

敎者必以正; 以正不行, 繼之以怒; 繼之以怒, 則反夷矣. '夫子敎我以正,
교자필이정 이정불행 계지이노 계지이노 즉반이의 부자교아이정

夫子未出於正也.'
부자미출어정야

바른 도리로써 가르치는데 자식이 그 가르침을 따르지 못하면 반드시 분노가 일게 마련이다. 분노가 일게 되면 오히려 자식을 해치게 되는데, 그렇게 되면 자식은 이렇게 이야기한다.

아버지는 나를 바른 도리로써 가르치려고 하셨지만

저렇게 화내시는 것은 바른 도리에서 나온 행동이 아니다!

則是父子相夷也. 父子相夷, 則惡矣. 古者易子而敎之, 父子之間不責善.
즉시부자상이야 부자상이 즉악의 고자역자이교지 부자지간불책선

이렇게 되면 부자가 서로를 해치게 되는데, 아비와 자식이 서로를 해치는 것은 정말 나쁜 일이다. 그래서 옛사람들은 아들을 교환하여 가르쳤으니, 이것은 부자 간에 선을 강요하지 않기 위함이다.

責善則離, 離則不祥莫大焉."
책선즉리 리즉불상막대언

부자간에 선을 강요하면 자연히 사이가 벌어지는데, 인생에서 이보다 더 슬픈 불상사는 없다."

이루상 - 20

孟子曰: "人不足與適也, 政不足間也. 惟大人爲能格君心之非.
맹자왈   인부족여적야   정부족간야   유대인위능격군심지비

맹자께서 말씀하셨다.

"다스리는 자가 소인배라면 아무리 그를 비판해도 소용이 없고,
그의 정책에 관하여 아무리 간섭해도 소용이 없다.
오직 대인의 품격을 갖춘 신하만이 임금의 잘못을 바로잡을 수 있는 것이다.

君仁, 莫不仁; 君義, 莫不義; 君正, 莫不正. 一正君而國定矣."
군인 막불인 군의 막불의 군정 막부정   일정군이국정의

임금이 인하면 나라의 모든 사람이 인하지 않을 수 없으며,
임금이 의로우면 나라의 모든 사람이 의롭지 않을 수 없으니,
임금이 바르면 나라의 모든 사람이 바르게 되지 않을 수가 없다.

일단 임금의 사람됨을 바로잡으면 나라가 안정되는 것이다."

이루상 - 21

孟子曰: "有不虞之譽, 有求全之毁."
맹자왈   유불우지예   유구전지훼

맹자께서 말씀하셨다.

"사람이 살다보면 기대하지 않았는데 예기치 않은 명예를 얻을 수도 있고,
최선을 다해 완벽을 구했는데도 가혹한 비판을 받을 수도 있다."

 복덕(福德) 불일치

孟子曰: "舜生於諸馮, 遷於負夏, 卒於鳴條, 東夷之人也.
맹자왈　순생어저풍　천어부하　졸어명조　동이지인야

맹자께서 말씀하셨다. "순은 저풍에서 태어나 부하로 이주하였고 명조에서 생애를 마쳤으니, 동쪽 오랑캐 사람이다.

문왕은 기주에서 태어나 필영에서 생애를 마쳤으니, 서쪽 오랑캐 사람이다.

文王生於岐周, 卒於畢郢, 西夷之人也.
문왕생어기주　졸어필영　서이지인야

地之相去也, 千有餘里; 世之相後也, 千有餘歲.
지지상거야　천유여리　세지상후야　천유여세

두 땅의 거리가 천여 리이고 세월도 천여 년의 차이가 나지만,

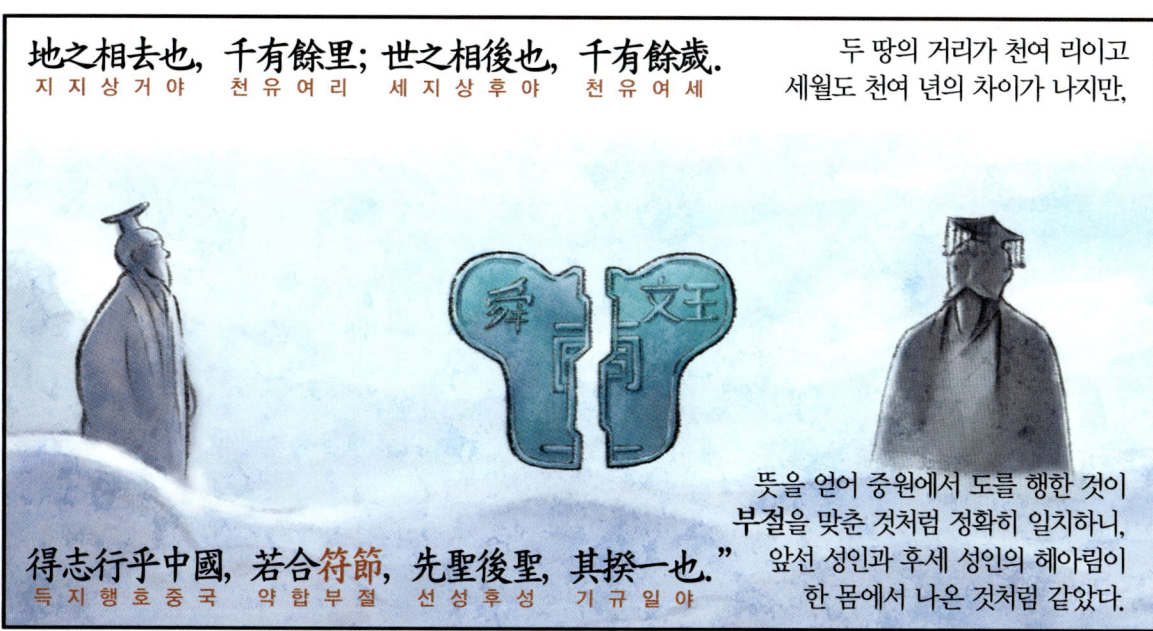

뜻을 얻어 중원에서 도를 행한 것이 부절을 맞춘 것처럼 정확히 일치하니, 앞선 성인과 후세 성인의 헤아림이 한 몸에서 나온 것처럼 같았다.

得志行乎中國, 若合符節, 先聖後聖, 其揆一也."
득지행호중국　약합부절　선성후성　기규일야

***부절**: 반으로 갈랐다가 증명하기 위해 맞추는 물건.

이루 하 - 2

子産聽鄭國之政, 以其乘輿濟人於溱、洧.
자산청정국지정 이기승여제인어진 유

자산이 정나라의 정치를 맡고 있을 때, 자신의 수레를 이용해
진수와 유수 지역의 사람들이 강을 건너도록 도와주었다.

孟子曰: "惠而不知爲政. 歲十一月, 徒杠成; 十二月, 輿梁成. 民未病涉也.
맹자왈 혜이부지위정 세십일월 도강성 십이월 여량성 민미병섭야

맹자께서 이에 대해
말씀하셨다.

"정자산은 은혜를 베풀 줄 아는 사람이지만 정치는 잘 모른다.
백성들이 개천을 건너는 데 불편이 있다면 농한기에 들어서는 11월에
우선 **외나무다리**를 하나 세우고, 12월에 **수레가 통과할 수 있는 넓은 다리**를
마저 완성하면 그곳 주민 모두가 강 건너는 데 불편을 느끼지 않을 것이다.

君子平其政, 行辟人可也, 焉得人人而濟之? 故爲政者, 每人而悅之, 日亦不足矣."
군자평기정 행벽인가야 언득인인이제지 고위정자 매인이열지 일역부족의

군자가 정치를 공평하게 실천한다면 행차할 때 사람들을 비켜나게 해도
보기에 나쁘지 않거늘, 어찌하여 한 사람, 한 사람씩 개천을 건네주고 있단 말인가?
그러므로 **정치를 행하는 자**가 모든 사람을 다 기쁘게 하려고 한다면
매일매일 시간이 너무도 부족할 것이다."

이루 하 - 6

孟子曰: "非禮之禮, 非義之義, 大人弗爲."
맹자왈 비례지례 비의지의 대인불위

맹자께서 말씀하셨다.

"예인 것처럼 보이지만 예가 아닌 것, 의처럼 보이지만 의가 아닌 것,
이런 것들을 큰 인물은 절대 하지 않는다."

대의 大義

사이비 似而非

이루 하 - 7

孟子曰: "中也養不中, 才也養不才, 故人樂有賢父兄也.
맹자왈 중야양부중 재야양부재 고인락유현부형야

맹자께서 말씀하셨다.

"도덕의 품성이 충실한 자가 그렇지 못한 자를 훈도해야 하고,
재능이 있는 자가 재능이 부족한 자를 훈도해야 한다.
그러므로 집안에 현명한 아버지나 형제가 있는 것이 다행스러운 일이다.

*훈도: 방에 향기가 스며들듯 자연스러운 가르침

만약 도덕의 품성이 충실한 자가 그렇지 못한 자를 버리고,
재능이 있는 자가 재능이 부족한 자를 버리게 되면,
현명한 사람과 모자란 사람의 거리는 서로 벌어져
촌수로 계산할 수 없게 된다."

如中也棄不中, 才也棄不才, 則賢不肖之相去, 其間不能以寸."
여중야기부중 재야기부재 즉현불초지상거 기간불능이촌

이루 하 - 8

孟子曰: "人有不爲也, 而後可以有爲."
맹 자 왈　　인유불위야　이후가이유위

맹자께서 말씀하셨다.

"인간은 해서는 안될 것을 깨달은 연후에나 해야 할 것을 깨닫는다."

孟子曰: "言人之不善, 當如後患何?"
맹 자 왈　　언인지불선　당여후환하

이루 하 - 9

맹자께서 말씀하셨다.

"다른 사람의 불선을 드러내 이야기하는 것을 좋아하다가, 후환이 미치게 되면 어찌하려는가?"

孟子曰: "大人者, 不失其赤子之心者也."
맹 자 왈　　대인자　불실기적자지심자야

이루 하 - 12

맹자께서 말씀하셨다.

"대인이란 어린아이의 마음을 잃지 않는 사람이다."

34　도올만화맹자 · 2

孟子曰: "君子深造之以道, 欲其自得之也.
맹 자 왈   군 자 심 조 지 이 도   욕 기 자 득 지 야

맹자께서 말씀하셨다.

"군자가 진리에 깊게 도달하기 위해 정확한 방법과 순서를 밟는 것은,
그러한 과정을 통해 진리를 홀로 스스로 깨닫고 싶어하기 때문이다.

自得之, 則居之安; 居之安, 則資之深; 資之深, 則取之左右逢其原,
자 득 지   즉 거 지 안   거 지 안   즉 자 지 심   자 지 심   즉 취 지 좌 우 봉 기 원
故君子欲其自得之也."
고 군 자 욕 기 자 득 지 야

자득하면 그 진리에 머무는 것이 안정성을 얻게 되고,
안정되면 나의 내면에 쌓여가는 것이 깊게 되고, 깊어지면
좌우의 가까운 일상체험에서도 진리의 근원을 만나게 된다.
그래서 군자는 진리의 자득을 무엇보다도 중시하는 것이다."

孟子曰: "博學而詳說之, 將以反說約也."
맹 자 왈   박 학 이 상 설 지   장 이 반 설 약 야

맹자께서 말씀하셨다.

"널리 배우고 자세히 설명하는 것은 자신의 학식을 자랑하기 위함이 아니라,
오히려 그 지식을 요약해 핵심을 드러내기 위한 것이다."

이루 하 - 18

徐子曰: "仲尼亟稱於水, 曰 '水哉, 水哉!' 何取於水也?"
서자왈 중니기칭어수 왈 수재 수재 하취어수야

서자가 말하였다.

"중니(공자)께서 자주 물을 찬양하여, '물이여! 물이여!'라고 감탄의 말씀을 하셨는데, 물의 어떤 면을 취하여 말씀하신 것일까요?"

孟子曰: "原泉混混, 不舍晝夜, 盈科而後進, 放乎四海. 有本者如是, 是之取爾.
맹자왈 원천혼혼 불사주야 영과이후진 방호사해 유본자여시 시지취이

맹자께서 말씀하셨다.

"수원지로부터 콸콸 솟아 흐르는 물은 밤낮을 가리지 않고 흘러, 웅덩이가 있으면 채우고 나서 또다시 흘러 드디어 넓은 바다로 나아간다. 이처럼 물의 수원지 같은 뿌리가 있는 사람은 고갈되는 것을 모른다. 공자께서는 바로 물의 이러한 면을 취하신 것이다.

이렇게 물의 근원지가 없으면, 7·8월 사이에 퍼부은 빗물이 모여 작고 큰 도랑을 다 채워도 비가 그쳐 땡볕이 쬐면 그것이 말라가는 모습을 서서 보는 동안에도 금방 확인할 수 있다.

苟爲無本, 七八月之間雨集, 溝澮皆盈; 其涸也, 可立而待也.
구위무본 칠팔월지간우집 구회개영 기학야 가립이대야

그러므로 한 사람의 명성이 그 사람의 실제 모습보다 지나치는 것을, 군자는 수치스럽게 여긴다."

故聲聞過情, 君子恥之."
고성문과정 군자치지

孟子曰: "人之所以異於禽獸者幾希, 庶民去之, 君子存之.
맹자왈   인지소이이어금수자기희   서민거지 군자존지

맹자께서 말씀하셨다.

"사람이 짐승과 다른 점은 거의 없다. 보통사람들은 그 다른 점을 무시하고 살아가지만, 군자는 그것을 보존한다.

순임금은 모든 사물의 이치에 밝았기에 **인간관계의 질서**를 살피고, 인의 속에서 행동할 뿐이지, 인의를 과시하며 행동한 적은 없었다."

舜明於庶物, 察於人倫, 由仁義行, 非行仁義也."
순명어서물   찰어인륜   유인의행   비행인의야

孟子曰: "禹惡旨酒而好善言. 湯執中, 立賢無方.
맹자왈   우오지주이호선언   탕집중   입현무방

맹자께서 말씀하셨다.

"우임금은 맛 좋은 술을 물리치고 선한 말을 좋아하셨다. 탕임금은 중용의 도를 잘 잡아, 현인을 등용할 때 규범에 얽매이지 않으셨다.

文王視民如傷, 望道而未之見. 武王不泄邇, 不忘遠.
문왕시민여상　망도이미지견　무왕불설이　불망원

문왕은 백성 보기를 마치 상처 입은 사람을 돌보듯이 하셨고,
도를 쳐다보면서도 마치 그 도에 이르지 못한 것처럼 노력하셨다.

무왕은 가까운 주변의 사람들을 억누르지 않으셨고,
멀리 있는 신하들도 잊지 않으셨다.

周公思兼三王, 以施四事; 其有不合者, 仰而思之, 夜以繼日; 幸而得之, 坐以待旦."
주공사겸삼왕　이시사사　기유불합자　앙이사지　야이계일　행이득지　좌이대단

주공은 하·은·주 삼대의 왕들이 남긴 업적을 두루 배워,
우·탕·문·무 네 왕께서 행한 일들을 백성들에게 베풀려고 하셨다.

시대가 지나 현실적으로 맞아 떨어지지 않는 것은
하늘을 우러르며 골똘히 생각하기를 한밤중까지 계속하셨는데,
다행히 해결의 실마리가 얻어지면 그대로 앉아 새벽이 올 때까지 기다리셨다.

孟子曰: "王者之迹熄而詩亡, 詩亡然後春秋作.
맹 자 왈   왕 자 지 적 식 이 시 망   시 망 연 후 춘 추 작

맹자께서 말씀하셨다.

"왕도를 구현하는 성왕들의 시대가 끝나면서 『시』도 사라졌다.
『시』가 사라진 연후에 비로소 『춘추』가 대신하게 되었다.

晉之乘, 楚之檮杌, 魯之春秋, 一也.
진 지 승   초 지 도 올   노 지 춘 추   일 야

진나라의 『승』, 초나라의 『도올』,
노나라의 『춘추』는 역사의 기록이라는
면에서 같은 성격의 것이다.

其事則齊桓、晉文, 其文則史.
기 사 즉 제 환   진 문   기 문 즉 사

거기에 기록된 사건들은 제환공과
진문공에 관한 것이고, 그 문장은
각 나라의 사관들이 기록한 것이다.

춘추오패

孔子曰: '其義則丘竊取之矣.'"
공 자 왈   기 의 즉 구 절 취 지 의

공자께서 말씀하셨다.

'그 옳고 그름을 판단하는 대의를
나는 『춘추』 속에 살며시 구현하여 놓았다.'"

*구: 공자의 이름

孟子曰: "君子之澤五世而斬, 小人之澤五世而斬.
맹자왈   군자지택오세이참   소인지택오세이참

予未得爲孔子徒也, 予私淑諸人也."
여미득위공자도야   여사숙저인야

맹자께서 말씀하셨다.

"군자의 아름다운 유풍도 그 여운이 다섯 세대(150년)가 지나면 끊어지고,
평범한 사람의 영향 또한 다섯 세대가 지나면 끊어진다.
나는 직접 공자의 제자가 된 적은 없으나, 그 유풍을 보존하고 있는 사람을 통해
간접적으로 배워 그것을 몸에 익혔다."

孟子曰: "可以取, 可以無取, 取傷廉;
맹자왈   가이취   가이무취   취상렴

可以與, 可以無與, 與傷惠; 可以死, 可以無死, 死傷勇."
가이여 가이무여 여상혜   가이사 가이무사   사상용

맹자께서 말씀하셨다.

"가져도 좋고 아니 가져도 좋을 때 가진다면, 나의 청렴함이 상한다.
주어도 좋고 아니 주어도 좋을 때 준다면, 나의 참된 베풂이 상한다.
죽어도 좋고 아니 죽어도 좋을 때 죽는다면, 나의 참된 용기가 상한다."

逢蒙學射於羿, 盡羿之道, 思天下惟羿爲愈己, 於是殺羿.
방몽학사어예 진예지도 사천하유예위유기 어시살예

방몽

옛날에 방몽은 활의 명인 예에게 활쏘는 법을 배웠다.
방몽은 예의 기술을 다 배운 후,
천하에 자기보다 궁술이 뛰어난 인물은 오직 예뿐이라고
생각하여, 그만 예를 죽여버리고 말았다.

예

孟子曰: "是亦羿有罪焉." 公明儀曰: "宜若無罪焉."
맹자왈 시역예유죄언 공명의왈 의약무죄언

이것은 역시 예에게도 잘못이 있는 것 같습니다.

예에게는 거의 잘못이 없다고 보아야 하오.

노나라 현인 공명의

曰: "薄乎云爾, 惡得無罪?
왈 박호운이 오득무죄

그 잘못이 가볍다고 할 수는 있지만
어찌 잘못이 없다고 하겠습니까?

鄭人使子濯孺子侵衛, 衛使庾公之斯追之.
정인사자탁유자침위 위사유공지사추지

옛날에 정나라는 자탁유자를 장군으로 삼아
위나라를 치게 했고, 위나라는 유공지사로 하여금
대항하여 쫓도록 했지요.

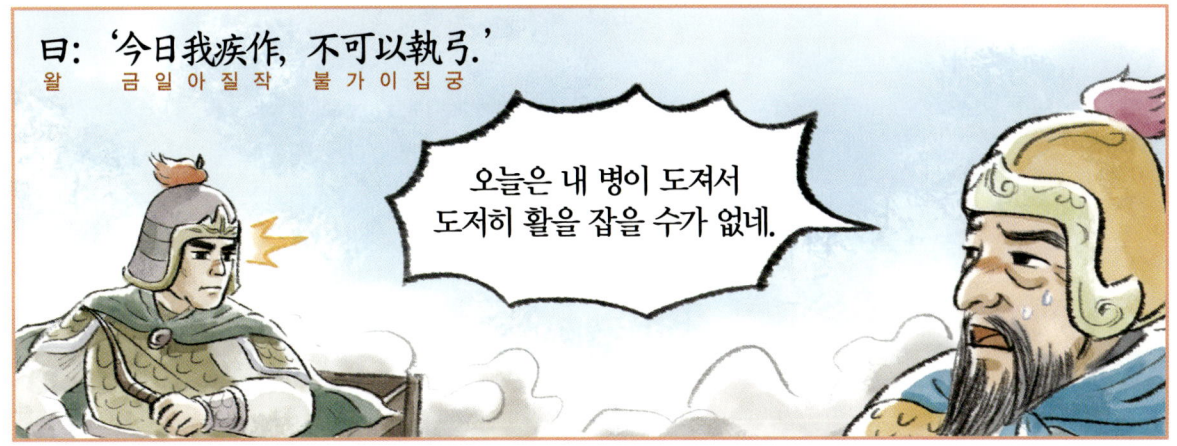

孟子曰: "君子所以異於人者, 以其存心也.
맹자왈 군자소이이어인자 이기존심야

맹자께서 말씀하셨다.

"군자가 보통 사람과 다른 것은 무엇인가를
마음속에 담아 간직하고 있다는 데 있다.

君子以仁存心, 以禮存心. 仁者愛人, 有禮者敬人.
군자이인존심 이례존심 인자애인 유례자경인

군자는 인의 가치를 마음에 담고, 예의 가치를 마음에 담는다.
인하다는 것은 사람을 아낄 줄 아는 것이요,
예가 있다는 것은 사람을 공경한다는 것이다.

愛人者, 人恒愛之; 敬人者, 人恒敬之.
애인자 인항애지 경인자 인항경지

사람을 아끼는 자는 사람으로부터 항상 아낌을 받고,
사람을 공경하는 자는 사람으로부터 항상 공경을 받는다.

有人於此, 其待我以橫逆,
유인어차 기대아이횡역

여기 한 사람이 있다고 하자!
그런데 그 사람이 이유 없이
나를 우악스럽게 대한다면,

則君子必自反也:
즉군자필자반야

군자는 그 사람을 탓하지 않고
반드시 자기를 반성한다.

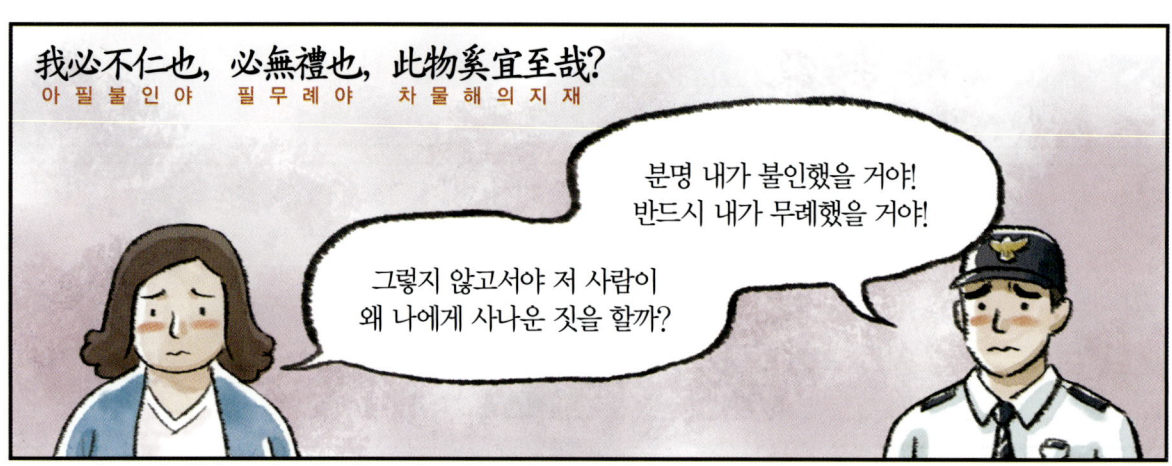

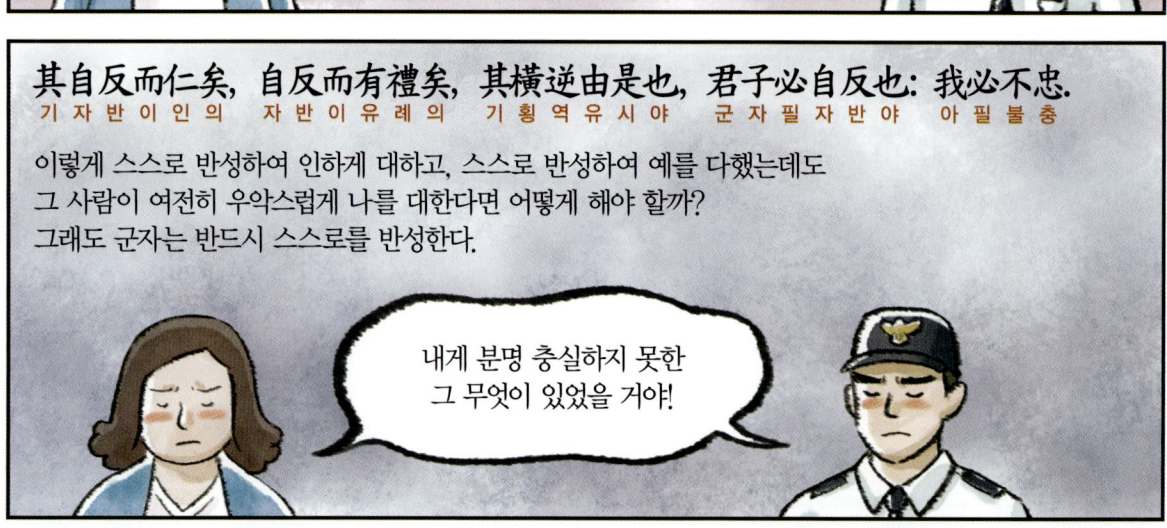

是故君子有終身之憂, 無一朝之患也. 乃若所憂則有之:
시고군자유종신지우 무일조지환야 내약소우즉유지

그러므로 군자에게는 죽을 때까지 갖고 가는 우환은
있을 수 있으나 하루아침의 걱정은 있을 수 없다.
우환이란 바로 이런 것이다.

종신지우

舜, 人也; 我, 亦人也. 舜爲法於天下, 可傳於後世, 我由未免爲鄕人也,
순 인야 아 역인야 순위법어천하 가전어후세 아유미면위향인야
是則可憂也.
시즉가우야

이것이 진실로 내가 근심해야 할 일이다.

순임금도 사람이요, 나도 사람이다.
순은 천하사람들에게 모범이 되어
위대한 가치를 후세에 전했는데,
나는 아직 평범한 시골뜨기 신세를
면치 못하는구나!

어떻게 하면
나의 사명을 잘
수행할 것인가?

憂之如何? 如舜而已矣. 若夫君子所患則亡矣. 非仁無爲也, 非禮無行也.
우지여하 여순이이의 약부군자소환즉무의 비인무위야 비례무행야

이것을 나의 우환으로 삼는다면 어떻게 해야 할까?
순과 같이 생각하고 실천하면 그뿐이다.
이렇게 하면 군자에게 다른 근심은 있을 수 없다.

군자는 인이 아니면 하지를 않고,
예가 아니면 행하지 않는다.

일조지환 같은 것을
군자는 걱정으로 생각하지
않는다.

如有一朝之患, 則君子不患矣."
여유일조지환 즉군자불환의

禹、稷當平世, 三過其門而不入, 孔子賢之.
우 직 당 평 세 삼 과 기 문 이 불 입 공 자 현 지

우와 후직은 태평한 치세를 살았지만, 자신의 직무에 충실했기 때문에 자기 집 앞을 세 번이나 지나면서도 결코 들어가지 않았다. 공자는 이들을 현명하다고 평가하였다.

顔子當亂世, 居於陋巷, 一簞食, 一瓢飮, 人不堪其憂, 顔子不改其樂, 孔子賢之.
안 자 당 란 세 거 어 루 항 일 단 사 일 표 음 인 불 감 기 우 안 자 불 개 기 락 공 자 현 지

안자(안회)는 난세를 살면서 누추한 동네에 살았고 한 소쿠리의 밥, 한 표주박의 물에 만족하였고, 보통사람이라면 견디기 어려운 근심을 오히려 즐거움으로 삼았다. 그래서 공자는 그를 현명하다고 평가하였다.

孟子曰: "禹、稷、顔回同道.
맹 자 왈 우 직 안 회 동 도

실제로 우와 후직과 안회는 같은 길을 걸어간 것이다.

禹思天下有溺者, 由己溺之也;
우 사 천 하 유 닉 자 유 기 닉 지 야

우는 천하에 한 사람이라도 물에 빠진 사람이 있으면 자기도 물에 빠진 것처럼 느꼈고,

稷思天下有飢者, 由己飢之也, 是以如是其急也.
직사천하유기자 유기기지야 시이여시기급야

후직은 천하에 한 사람이라도 굶는 사람이 있으면 자기가 굶고 있는 것처럼 느꼈다.
두 사람이 맡은 일은 이렇게 긴급한 상황이었던 것이다.

禹、稷、顔子易地則皆然.
우 직 안자역지즉개연

우와 후직, 안회의 상황이 서로 바뀌었다면, 그에 맞게 행동을 했을 것이다.

今有同室之人鬪者, 救之, 雖被髮纓冠而救之, 可也.
금유동실지인투자 구지 수피발영관이구지 가야

예를 들어 지금 같은 방 안의 사람들이 싸운다면 말려야 하는데, 흩어진 머리로 갓끈을 맬 여유도 없이 싸움을 말리는 것이 마땅하다.

그런데 동네 끝에서 누가 싸우고 있는데 흩어진 머리로 갓끈도 못 매고 달려가 말리는 것은 정신 없는 짓이다. 그때는 창문을 닫고 드러눕는 것이 옳다."

鄕隣有鬪者, 被髮纓冠而往救之, 則惑也, 雖閉戶可也."
향린유투자 피발영관이왕구지 즉혹야 수폐호가야

이루–상·하

이루 하 - 33

齊人有一妻一妾而處室者, 其良人出, 則必饜酒肉而後反.
제인유일처일첩이처실자 기양인출   즉필염주육이후반

제나라에 부인과 첩을 한 명씩 거느리고 벼슬하지 못한 채 살아가는 인물이 있었는데,
그 남편은 외출을 하면 반드시 술과 고기를 배부르게 먹고 나서야 돌아오곤 했다.

其妻問所與飮食者, 則盡富貴也.
기처문소여음식자   즉진부귀야

그 부인이 누구와 더불어 마시고 먹느냐고 물어보면,
모두 부자요 고귀한 신분의 사람들뿐이었다.

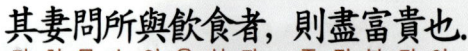

其妻告其妾曰: "良人出, 則必饜酒肉而後反; 問其與飮食者, 盡富貴也,
기처고기첩왈   양인출 필즉염주육이후반   문기여음식자   진부귀야

而未嘗有顯者來.
이미상유현자래

그 부인이 그 첩에게 말하였다.

"남편이 외출을 하면 반드시 술과 고기를 배불리 먹고 돌아오는데,
누구하고 먹고 마시냐고 물어보면 모두 부자와 신분이 고귀한 사람들뿐이네.
그러나 여태까지 한 번도 그런 사람들이 우리 집에 온 적이 없으니,
좀 이상하지 않은가?"

不足, 又顧而之他, 此其爲饜足之道也.
부족 우고이지타 차기위염족지도야

그리고 부족하면 두리번거리면서 다른 묘소로 옮겨갔다.
이것이 바로 남편이 배불리 먹는 방법이었다.

其妻歸, 告其妾曰:
기처귀 고기첩왈

그 부인은 집에 돌아와
그 첩에게 말하고,

"良人者, 所仰望而終身也, 今若此!
양인자 소앙망이종신야 금약차

남편이란 우리가 죽을 때까지 우러러보며 섬겨야 하는 사람일세.

그런데 지금 이 모양 이 꼴이라니!

與其妾訕其良人, 而相泣於中庭.
여기첩산기양인 이상읍어중정

그 첩과 더불어 남편을 원망하면서
안뜰에서 서로 부둥켜안은 채 울었다.

而良人未之知也, 施施從外來, 驕其妻妾.
이 양 인 미 지 지 야   시 시 종 외 래   교 기 처 첩

그런데 남편은 이런 줄도 모르고, 여전히 거드름을 피우며
밖에서 돌아와서는 그 부인과 첩에게 잘난 체를 하는 것이었다.

由君子觀之, 則人之所以求富貴利達者, 其妻妾不羞也, 而不相泣者, 幾希矣.
유 군 자 관 지   즉 인 지 소 이 구 부 귀 리 달 자   기 처 첩 불 수 야   이 불 상 읍 자   기 희 의

덕 있는 군자의 관점에서 본다면, 부귀를 추구하고 이익과 영달을
애타게 구하는 사람치고, 그 부인과 첩이 부끄러워 서로 부둥켜안고
울지 아니 할 자가 그 몇 사람이 있으랴!

이루-상·하

하 은 주 삼대 三代

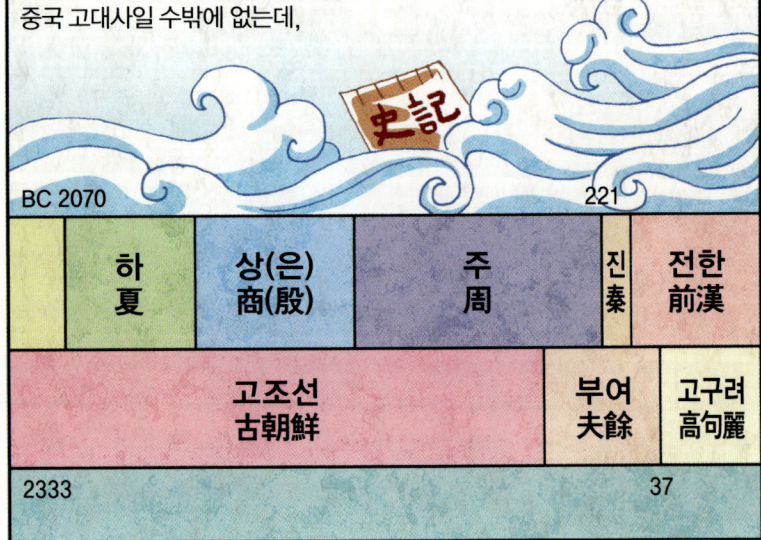

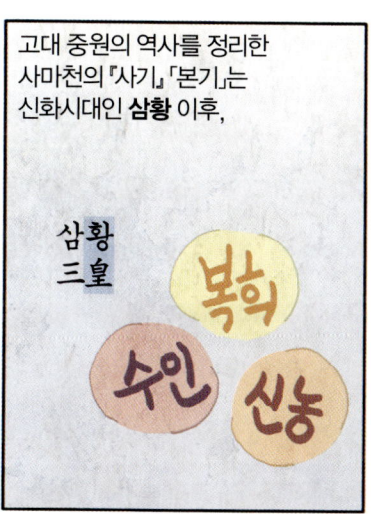
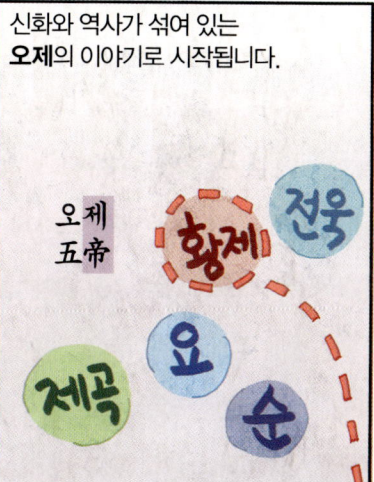

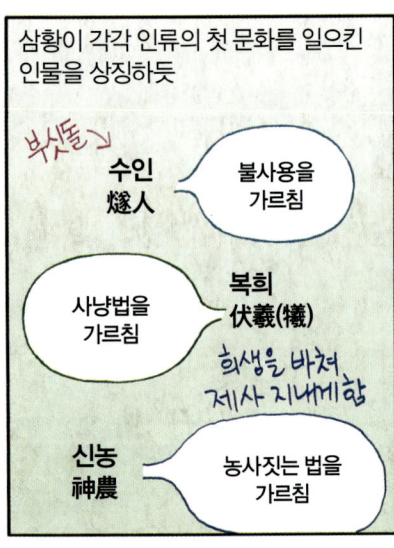

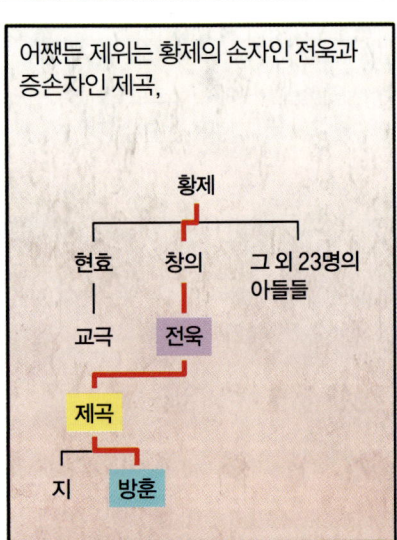

하·은·주 삼대(三代)

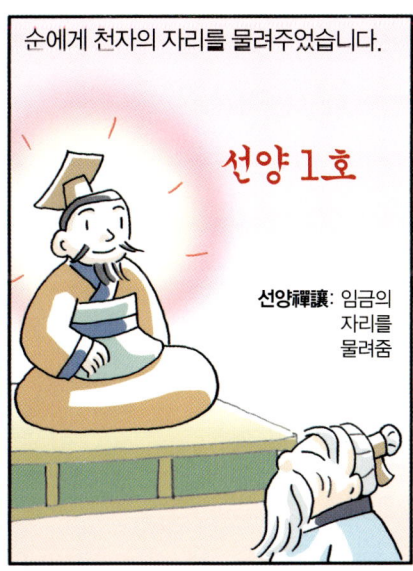

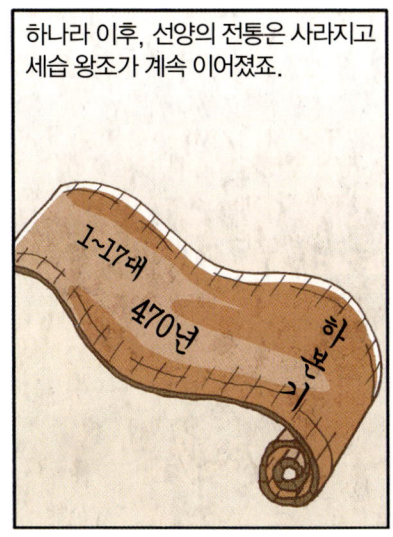

BC 1600-1046

商(殷)

성대하다

나라 이름

하남성 일대

중원의 두 번째 왕조, 상나라입니다.

상나라 역시 하나라와 함께 전설상의 왕조로 여겨졌었죠.

그러나 은허에서 갑골문과 유물이 쏟아져 나온 이후부터는 확실히 그 존재가 인정되었죠.

안양
하남성

은허(殷墟)
: 은나라 유적지

1899년, 한약재로 유통되던 '용골'에서 갑골문자 발견

이후 왕궁터, 주거지, 무덤에서 청동기·옥세공품·갑골문 발굴

탕이 상나라를 열기까지는 이윤이라는 재상의 도움이 컸는데,

요리사(?) 이윤

사마천은 「은본기」에서 이윤에 관한 두 가지 설을 제시합니다.

① 재미 버전 ② 교훈 버전

먼저, 이윤은 걸의 신하였는데 걸이 자신의 간언을 들어주지 않자 하나라를 떠났고

① 재미버전

속터져

탕의 궁중에 들어가기 위해 요리사가 되어

맛과 요리철학으로 탕을 사로잡았다는 설과

이런 맛은 처음이야!

요리사를 불러오게

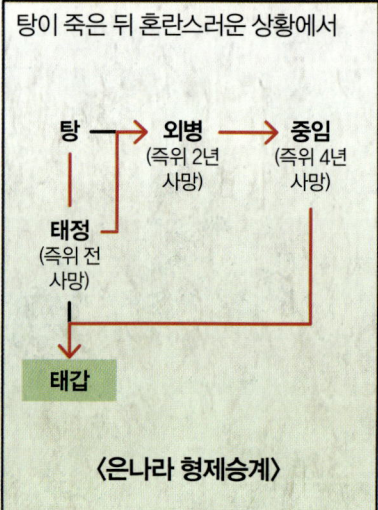

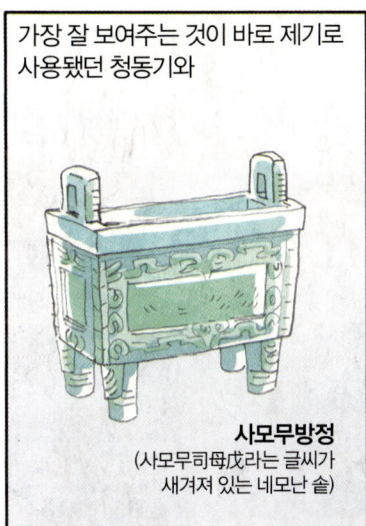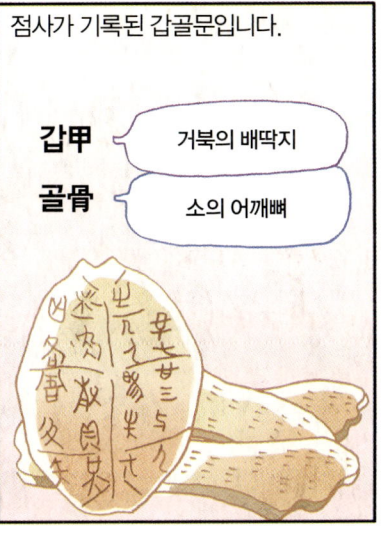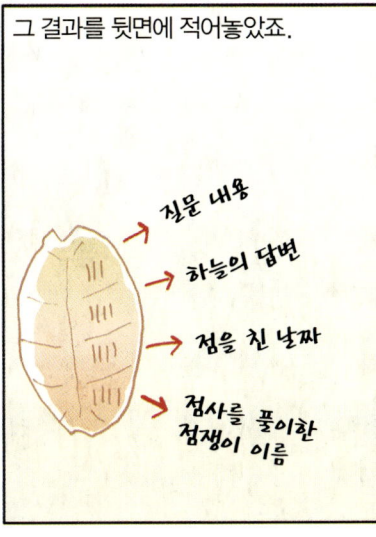

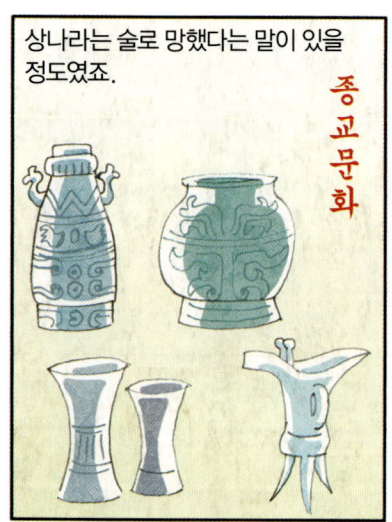

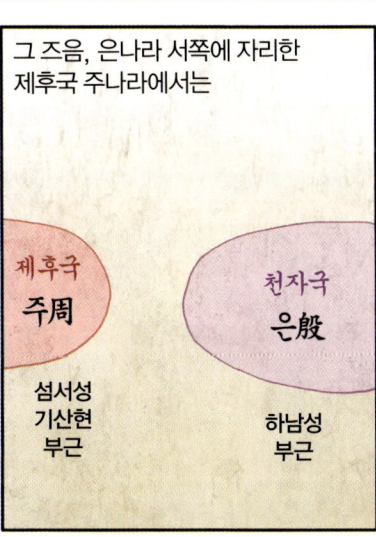

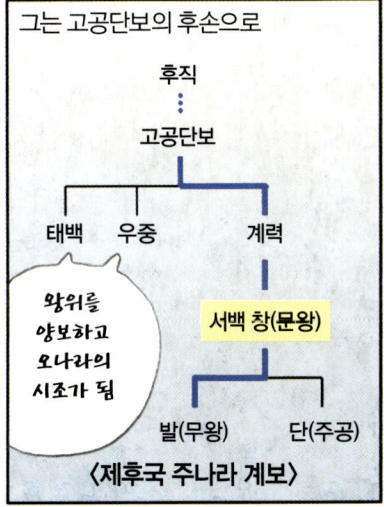

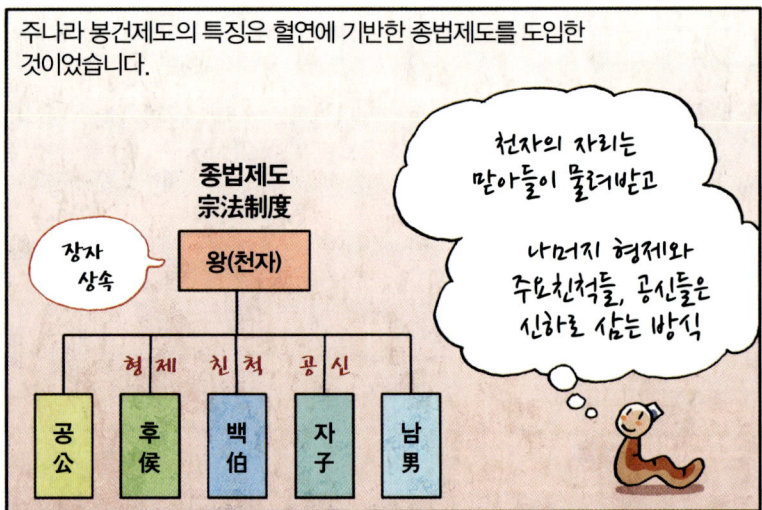
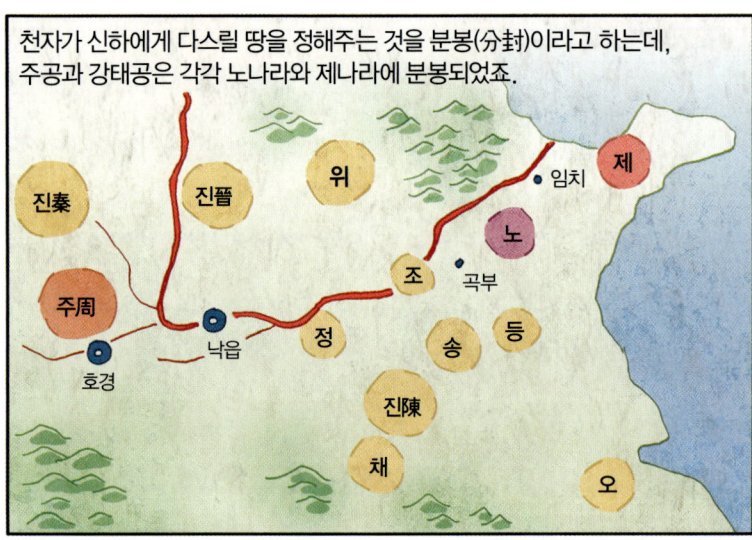
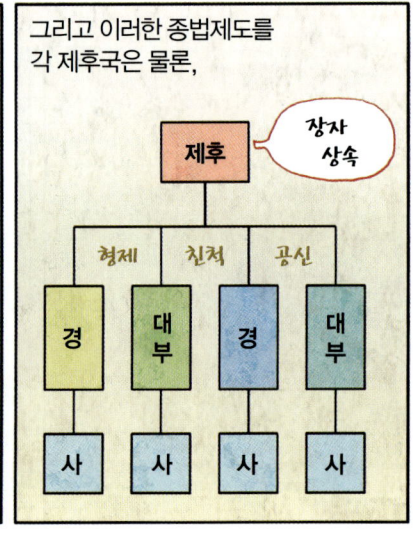
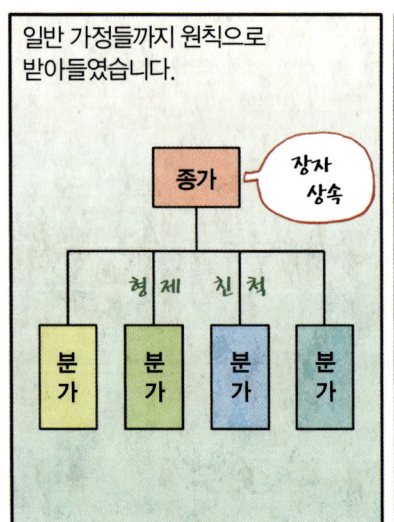

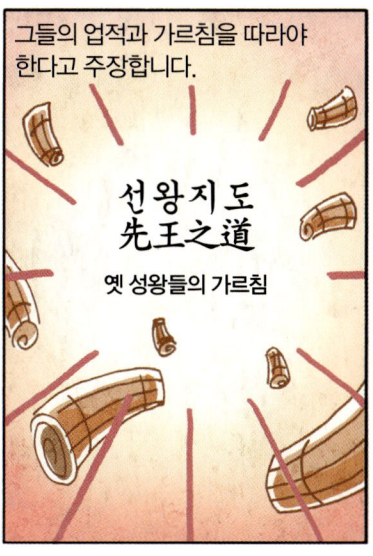

만장 상하
萬章 上下

만장상 - 1

萬章問曰: "舜往于田, 號泣于旻天, 何爲其號泣也?"
만장문왈 순왕우전 호읍우민천 하위기호읍야

만장이 여쭈었다.

수제자
만장

순이 밭에 나가 일할 때 푸른 가을 하늘을 향해 울면서 호소하셨다고 하는데, 순은 왜 호읍하셨습니까?

孟子曰: "怨慕也."
맹자왈 원모야

원망하면서도 사모하신 것이다.

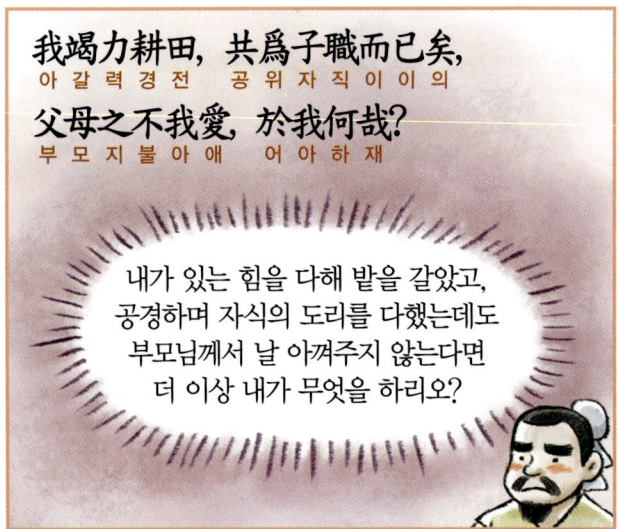

夫公明高以孝子之心,
부공명고이효자지심
爲不若是恝,
위불약시개

공명고의 대답은,

대저 효자의 마음은 어떠한 경우에도 이런 식으로 계산적일 수 없다는 뜻이다.

我竭力耕田, 共爲子職而已矣,
아갈력경전 공위자직이이의
父母之不我愛, 於我何哉?
부모지불아애 어아하재

내가 있는 힘을 다해 밭을 갈았고, 공경하며 자식의 도리를 다했는데도 부모님께서 날 아껴주지 않는다면 더 이상 내가 무엇을 하리오?

帝使其子九男二女, 百官牛羊倉廩備, 以事舜於畎畝之中,
제사기자구남이녀 백관우양창름비 이사순어견묘지중

요임금은 아홉 아들과 두 딸로 하여금 많은 집과 소와 양,
식량창고를 갖추고서 농사짓는 순을 섬기게 하였다.

天下之士多就之者, 帝將胥天下而遷之焉. 爲不順於父母, 如窮人無所歸.
천하지사다취지자 제장서천하이천지언 위불순어부모 여궁인무소귀

천하의 많은 선비들이 순을 따르자,
요임금은 아예 천하를 통째로 순에게 넘겨주려 하였다.

그러나 순은 부모의 마음에 들지 못했다는 이유로
곤궁한 사람이 갈 길을 몰라 망연자실하듯 하였다.

天下之士悅之, 人之所欲也,
천하지사열지 인지소욕야

而不足以解憂;
이부족이해우

천하의 선비들이 기쁜 마음으로 따르는 것은
누구든지 바라는 바이나, 그것도
순의 근심을 걷어내지 못했다.

好色, 人之所欲, 妻帝之二女,
호색 인지소욕 처제지이녀

而不足以解憂;
이부족이해우

아름다운 여인은 누구든지 바라는 바이나,
임금의 두 딸을 부인으로 맞이했어도
그것이 순의 근심을 걷어내지는 못했다.

富, 人之所欲, 富有天下, 而不足以解憂; 貴, 人之所欲, 貴爲天子,
부 인지소욕 부유천하 이부족이해우 귀 인지소욕 귀위천자

而不足以解憂.
이부족이해우

부유함은 누구든지 바라는 바이나,
순은 천하라는 거대한 부를 가지게 되었어도
그것이 결코 순의 근심을 걷어내지 못했고, 귀함은 누구든지 바라는 바이나,
순은 천자라는 가장 높은 지위를 얻었어도 그것이 순의 근심을 걷어내지는 못했다.

人悅之、好色、富貴, 無足以解憂者, 惟順於父母可以解憂.
인열지 호색 부귀 무족이해우자 유순어부모가이해우

사람들이 기쁘게 따르는 것과 아름다운 여인과
부귀 모두 순의 근심을 풀지 못하였으니,
오직 부모의 마음에 드는 일만이
순의 근심을 풀 수 있는 유일한 길이었다.

人少, 則慕父母; 知好色, 則慕少艾;
인소 즉모부모 지호색 즉모소애
有妻子, 則慕妻子;
유처자 즉모처자

사람이 어려서는 부모를 따르고,
사춘기가 되면 아름다운 여인을 사모하며,
처자가 있게 되면 처자를 사랑하며,

仕則慕君, 不得於君則熱中.
사즉모군 부득어군즉열중

벼슬을 하면 주군을 따르게 되는데,
주군에게 잘못 보이게 되면 불안해져서
몸속에서 열이 달아오른다.

大孝終身慕父母. 五十而慕者, 予於大舜見之矣."
대효종신모부모 오십이모자 여어대순견지의

그러나 지극히 큰 효는
죽을 때까지 부모만을
흠모하는 것이다.

오십 세에도 부모를 변함없이
흠모하는 것을 나는 오직
위대한 순에게서만 보았다.

萬章問曰: "詩云, '娶妻如之何? 必告父母.'
만장문왈 　　시운　　 취처여지하　　필고부모

信斯言也, 宜莫如舜. 舜之不告而娶, 何也?"
신사언야　의막여순　순지불고이취　하야

孟子曰: "告則不得娶.
맹자왈　　고즉부득취

男女居室, 人之大倫也. 如告, 則廢人之大倫, 以懟父母, 是以不告也."
남녀거실　인지대륜야　여고　즉폐인지대륜　이대부모　시이불고야

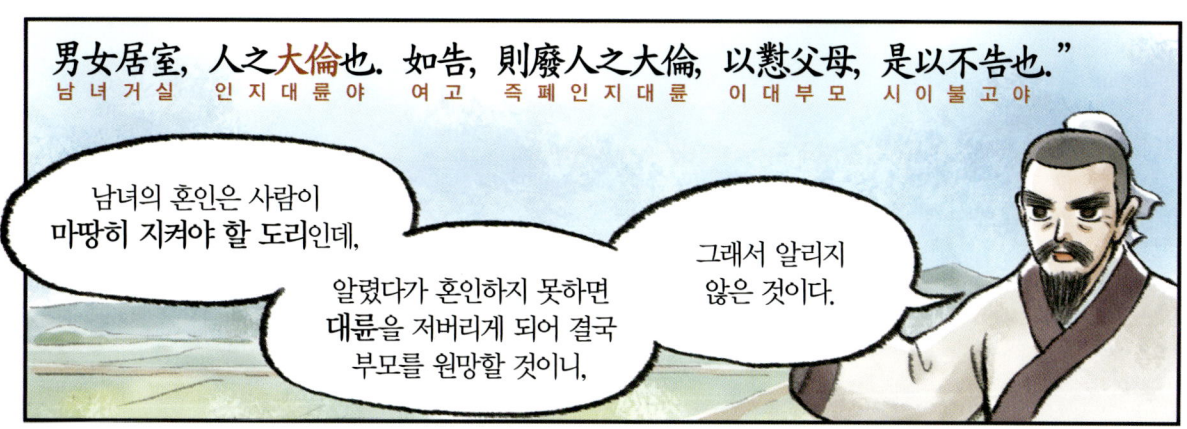

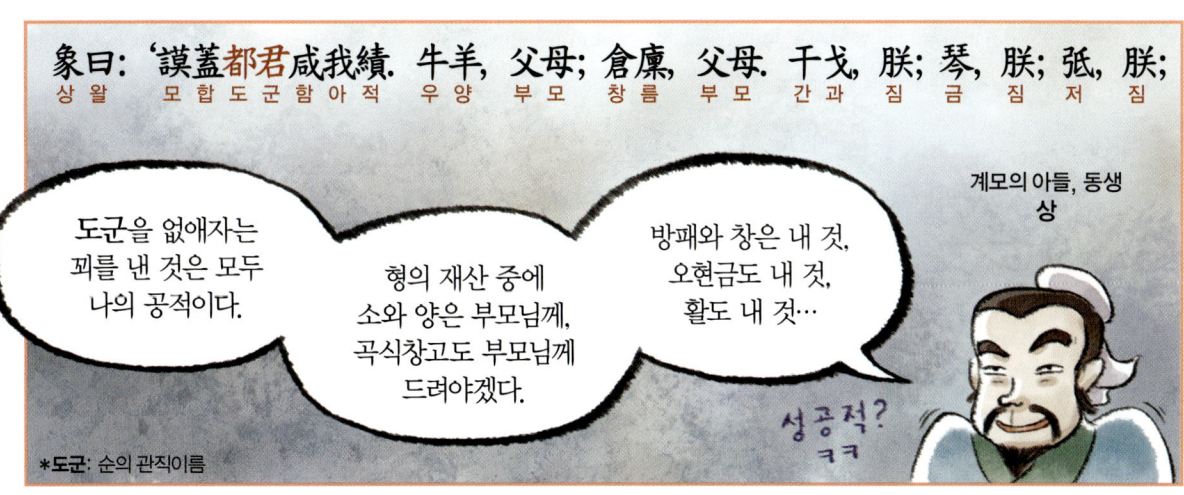

故君子可欺以其方, 難罔以非其道. 彼以愛兄之道來, 故誠信而喜之,
고 군 자 가 기 이 기 방　 난 망 이 비 기 도　피 이 애 형 지 도 래　 고 성 신 이 희 지
奚僞焉?"
해 위 언

이렇듯이 군자는 그럴듯한 방법으로 속이면 속을 수밖에 없지만,

도리에 맞지 않은 방법으로 속이기는 어렵다.

상이 먼저 형을 사랑하는 모습으로 접근해왔기 때문에 진실로 믿고 기뻐한 것이지,

어찌 순이 거짓으로 기뻐하는 척 하였겠는가?

萬章曰: "堯以天下與舜, 有諸?"
만장왈　　요이천하여순　유저

孟子曰: "否. 天子不能以天下與人."
맹자왈　부　천자불능이천하여인

"然則舜有天下也, 孰與之?"
연즉순유천하야　숙여지

曰: "天與之."
왈　천여지

"天與之者, 諄諄然命之乎?"
천여지자　순순연명지호

曰: "以行與事示之者, 如之何?"
왈 이 행 여 사 시 지 자 여 지 하

행동과 일로써 뜻을 드러낸다는 게 구체적으로 어떤 것입니까?

曰: "否. 天不言, 以行與事示之而已矣."
왈 부 천불언 이행여사시지이이의

아니지! 하늘은 말이 없다.

순이 한 행동과 이룬 일로써 자신의 뜻을 드러내 보일 뿐이다.

曰: "天子能薦人於天, 不能使天與之天下; 諸侯能薦人於天子,
왈 천자능천인어천 불능사천여지천하 제후능천인어천자

不能使天子與之諸侯; 大夫能薦人於諸侯, 不能使諸侯與之大夫.
불능사천자여지제후 대부능천인어제후 불능사제후여지대부

천자가 한 사람을 하늘에 추천할 수는 있지만, 억지로 그 사람에게 천하를 주게 할 수는 없다.

제후가 한 사람을 천자에게 추천할 수는 있지만, 억지로 그 사람을 제후로 봉하게 할 수는 없다.

대부가 한 사람을 제후에게 추천할 수는 있지만, 억지로 그 사람을 대부로 봉하게 할 수는 없다.

옛날에, 요가 순을 하늘에 추천하자 하늘이 순을 받아들였고, 요가 순을 백성들에게 소개하자 백성들이 그를 받아들인 것이다.

昔者, 堯薦舜於天, 而天受之; 暴之於民, 而民受之.
석자 요천순어천 이천수지 폭지어민 이민수지

天與之, 人與之, 故曰, 天子不能以天下與人.
천여지 인여지 고왈 천자불능이천하여인

보아라! 이것은 하늘이 준 것이요, 백성이 준 것이다. 그러므로 나는 말한 것이다. 어찌 천자라고 해서 천하를 한 사람에게 물건 건네듯 건네줄 수 있겠는가!

舜相堯二十有八載, 非人之所能爲也, 天也.
순상요이십유팔재 비인지소능위야 천야

순이 요의 재상노릇을 한 것이 28년인데, 이것은 인간의 능력만으로 되는 것이 아니라, 하늘의 뜻이 있었던 것이다.

요가 세상을 떠나고 삼년상을 마치자, 순은 요임금의 아들을 피해서 남하의 남쪽으로 갔다.

堯崩, 三年之喪畢, 舜避堯之子於南河之南,
요붕 삼년지상필 순피요지자어남하지남

天下諸侯朝覲者, 不之堯之子而之舜; 訟獄者, 不之堯之子而之舜;
천하제후조근자 부지요지자이지순 송옥자 부지요지자이지순

그런데도 천하의 제후들이 조정에 나아가 천자를 뵙는 것을 요의 아들에게 가지 않고 모두 순에게 갔다. 그리고 송사의 판결을 기다리는 자들도 요의 아들에게 가지 않고 순에게 갔다.

謳歌者, 不謳歌堯之子而謳歌舜, 故曰, 天也.
구가자 불구가요지자이구가순 고왈 천야

천자의 덕을 칭송하여 노래하는 자들도 요임금의 아들을 **구가**하지 않고 순의 덕성을 구가했다. 그래서 하늘의 뜻이라고 말한 것이다.

夫然後之中國, 踐天子位焉. 而居堯之宮, 逼堯之子, 是簒也, 非天與也.
부연후지중국 천천자위언 이거요지궁 핍요지자 시찬야 비천여야

이렇게 된 연후에야 순은 비로소 도읍으로 가서 천자의 지위에 올랐다.
만약 순이 재빠르게 요의 궁전을 점령하고 요의 아들을 핍박했다면,
그것은 찬탈이지, 하늘이 준 것이 아니다.

太誓曰, '天視自我民視, 天聽自我民聽,'
태서왈 천시자아민시 천청자아민청

此之謂也."
차지위야

하늘은 우리 백성을 통해 보시고,
하늘은 우리 백성을 통해 들으신다.

「태서」의 이 말이 곧 내가 한 말과 같은 뜻이다.

하늘은 말이 없다. 선택한 사람의 행동(行)과 결과(事)를 통해 그 뜻을 드러낼 뿐…

萬章問曰: "人有言, '至於禹而德衰, 不傳於賢, 而傳於子.'
만장문왈   인유언   지어우이덕쇠   부전어현 이전어자

有諸?"
유 저

孟子曰: "否, 不然也. 天與賢,
맹자왈   부 불연야   천여현
則與賢; 天與子, 則與子.
즉여현   천여자   즉여자

昔者, 舜薦禹於天, 十有七年, 舜崩.
석자   순천우어천   십유칠년 순붕
三年之喪畢, 禹避舜之子於陽城.
삼년지상필 우피순지자어양성

옛날에 순임금이 우를 하늘에 추천한 지
17년이 지나 순이 죽었다.
3년의 상이 끝난 후, 우는 순의 아들을 피해
양성으로 갔다.

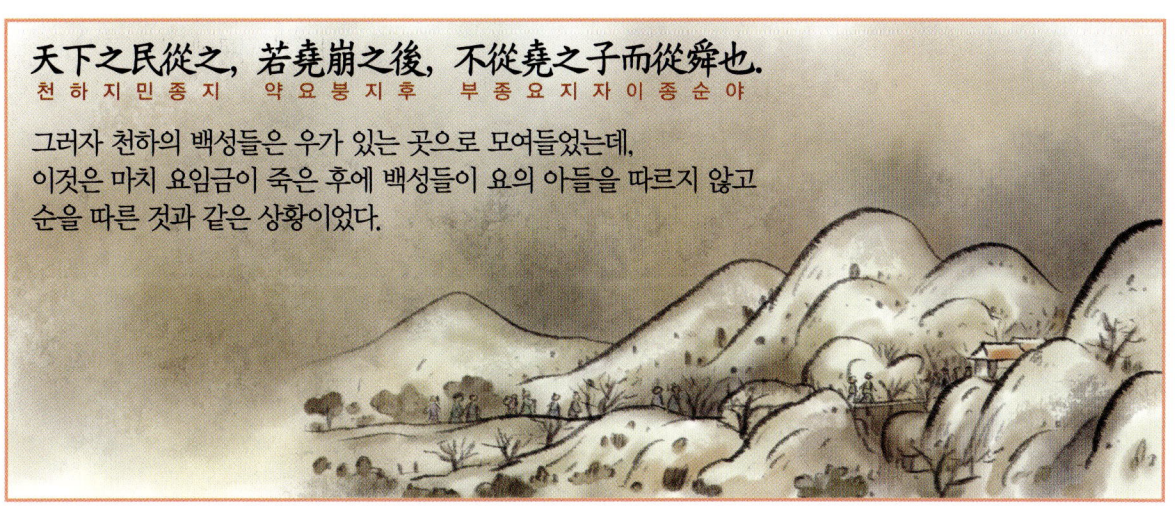

天下之民從之, 若堯崩之後, 不從堯之子而從舜也.
천하지민종지 약요붕지후 부종요지자이종순야

그러자 천하의 백성들은 우가 있는 곳으로 모여들었는데, 이것은 마치 요임금이 죽은 후에 백성들이 요의 아들을 따르지 않고 순을 따른 것과 같은 상황이었다.

우임금이 신하 익을 하늘에 추천한 지 7년 후 우가 죽고 3년의 상이 끝나자, 익은 우의 아들을 피해 기산의 북쪽으로 갔다.

그런데 조근하고 송사하는 자들이 익에게 가지 않고 우의 아들 계에게 갔고,

우리 임금의 아드님이 훌륭하시다!

구가하는 자들도 익을 노래하지 않고 계를 찬양하였다.

우리 임금의 아드님이 훌륭하시다!

丹朱之不肖, 舜之子亦不肖.
단 주 지 불 초 순 지 자 역 불 초

단주(요의 아들)는 아버지와 같지 않았고, 순의 아들(상균) 또한 불초했었던 것이다.

순이 요의 재상이었던 기간과 우가 순의 재상이었던 기간이 길었던 만큼, 백성에게 은택이 미친 것이 오래되었다.

계는 현명했기 때문에 아버지 우의 도를 공경스럽게 이어받을 능력이 충분했다.

반면, 익은 우의 재상이었던 기간이 짧았기 때문에, 백성에게 은택이 미치는 기간도 짧았던 것이다.

순·우·익이 재상이었던 기간이 차이가 있고, 또 그 아들들의 현명함과 모자람에 차이가 있었던 것은 모두 하늘의 뜻일 뿐, 사람이 어찌할 수 있는 상황이 아니었다.

莫之爲而爲者, 天也; 莫之致而至者, 命也. 匹夫而有天下者, 德必若舜丶禹,
막 지 위 이 위 자 천 야 막 지 치 이 지 자 명 야 필 부 이 유 천 하 자 덕 필 약 순 우

而又有天子薦之者,
이 우 유 천 자 천 지 자

하지 않았는데도 스스로 그렇게 되어가는 것을 천명이라고 하고, 오게 만들지 않았는데도 스스로 오는 것을 운명이라 아니 할 수 없다. 일개 평민이 천하를 가지려면 그 덕이 반드시 순이나 우와 같아야 하고, 또한 반드시 천자의 추천이 있어야 하니,

그래서 중니(공자)는 천하를 얻지 못한 것이다.

故仲尼不有天下.
고 중 니 불 유 천 하

繼世以有天下, 天之所廢, 必若桀丶紂者也, 故益丶伊尹丶周公不有天下.
계세이유천하 천지소폐 필약걸 주자야 고익 이윤 주공불유천하

아들이 대를 이어 천하를 차지한 경우, 걸이나 주와 같은 무도한 군주가 아니면
하늘은 쉽사리 그를 버리지 않는다. 그래서 익, 이윤, 주공과 같은 탁월한 인물들이
천자가 되지 못했던 것이다.

伊尹相湯以王於天下.
이윤상탕이왕어천하

이윤은 탕의 재상이 되어
그가 천하의 왕자가 되도록 도왔다.

湯崩, 太丁未立, 外丙二年, 仲壬四年.
탕붕 태정미립 외병이년 중임사년

탕이 죽은 뒤, 태자 태정이 즉위 전에 죽고,
탕의 동생 외병은 임금이 된지 2년 만에,
또 그 동생 중임은 4년 만에 죽고 만다.

太甲顛覆湯之典刑, 伊尹放之於桐.
태갑전복탕지전형 이윤방지어동

그래서 태갑을 왕으로 세웠는데,
그는 탕의 법률과 의전을 모두 뒤엎어버렸다.
그래서 이윤은 그를 동 땅으로 내쫓았다.

만장-상·하 93

三年, 太甲悔過, 自怨自艾, 於桐處仁遷義. 三年, 以聽伊尹之訓己也, 復歸于亳.
삼 년 태갑회과 자원자애 어동처인천의 삼 년 이청이윤지훈기야 복귀우박

3년 동안 태갑은 잘못을 뉘우치고 자신의 행동을 원망하면서 자신의 몸을 닦았다.
동 땅에서 인에 머물고 의를 실천한 지 3년 만에 그는 이윤의 훈계를 잘 듣는 사람이 되었다.
그래서 이윤은 그를 수도인 박으로 복귀시켜 다시 제위에 오르게 했다.

周公之不有天下, 猶益之於夏、伊尹之於殷也.
주공지불유천하 유익지어하   이윤지어은야

주공이 천하를 갖지 않은 것도 익이 하나라를 갖지 않은 것이나,
이윤이 은나라를 갖지 않은 것과 결국 같은 이야기이다.

孔子曰: '唐、虞禪, 夏后、殷、周繼, 其義一也.'"
공자왈   당 우선 하후 은 주계   기의일야

공자께서
일찍이 말씀하셨다.

당(요)·우(슌)가 현자에게 제위를 선양한 것과,
하·은·주가 아들에게 제위를 승계한 것은
하늘의 뜻이라는 면에서 그 도리가 하나인 것이다.

萬章問曰: "人有言, '伊尹以割烹要湯,' 有諸?"
만장문왈 인유언 이윤이할팽요탕 유저

사람들이 말하기를 이윤은 요리를 해서 탕임금의 마음에 들었다고 하던데, 정말입니까?

孟子曰: "否, 不然.
맹자왈 부 불연

아니다, 그렇지 않다.

伊尹耕於有莘之野, 而樂堯ㆍ舜之道焉.
이윤경어유신지야 이락요 순지도언

이윤은 신나라의 들판에서 농사를 지으며 요·순의 도를 즐기던 선비였다.

非其義也, 非其道也, 祿之以天下, 弗顧也; 繫馬千駟, 弗視也.
비기의야 비기도야 녹지이천하 불고야 계마천사 불시야

그는 의와 도를 벗어나는 일이라면 천하를 봉록으로 준다 해도 돌아보지 않았고, 좋은 말 4천 마리를 준다 해도 쳐다보지 않았다.

사(駟)

또한 의와 도에서 벗어나는 일이라면 지푸라기 한낱이라도 남에게 주지 않았고, 지푸라기 한낱이라도 남에게 받지 않았다.

非其義也, 非其道也, 一介不以與人, 一介不以取諸人.
비기의야 비기도야 일개불이여인 일개불이취저인

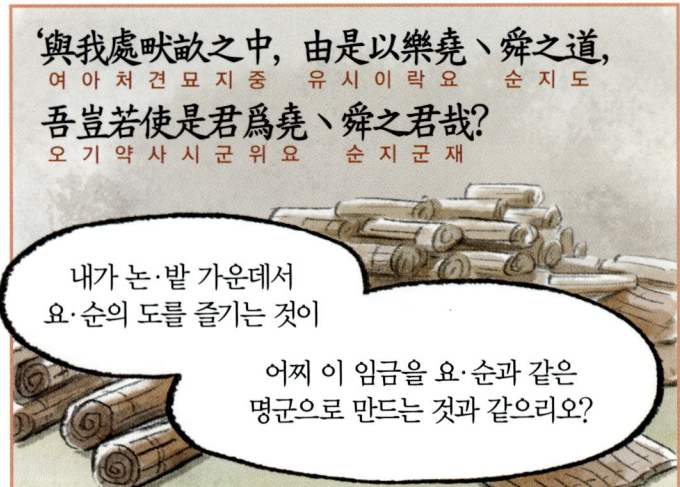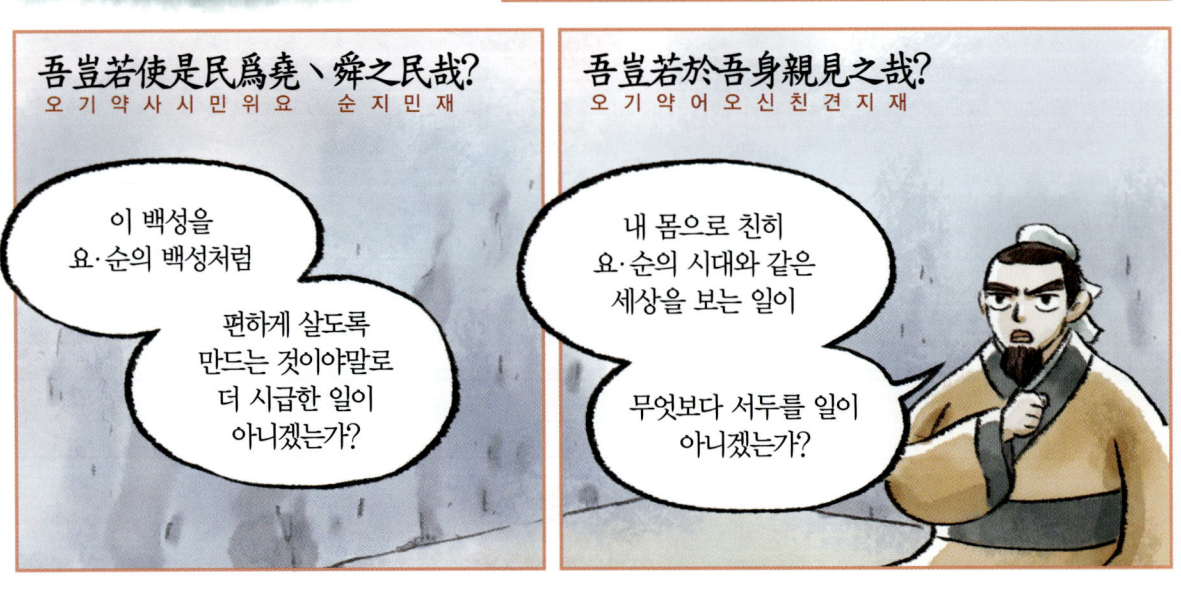

天之生此民也, 使先知覺後知, 使先覺覺後覺也.
천 지 생 차 민 야　사 선 지 각 후 지　사 선 각 각 후 각 야

하늘이 이 백성을 세상에 내실 때, 먼저 안 자가 나중에 아는 자를 깨닫게 하고, **먼저 깨달은 자**로 하여금 **나중에 깨닫는 자**를 일깨우게 하셨다.

나야말로 하늘이 낸 백성 중의 선각자다.

나에겐 이 도로써 이 백성을 깨우쳐야 할 사명이 있다!

내가 이들을 깨우치지 않는다면 과연 누가 하리오?

予, 天民之先覺者也. 予將以斯道覺斯民也. 非予覺之, 而誰也?
여　천 민 지 선 각 자 야　여 장 이 사 도 각 사 민 야　비 여 각 지　이 수 야

思天下之民匹夫匹婦有不被堯丶舜之澤者, 若己推而內之溝中.
사 천 하 지 민 필 부 필 부 유 불 피 요　순 지 택 자　약 기 추 이 내 지 구 중

이윤은 천하의 백성들인 **평범한 남녀** 중에 요·순의 은택을 입지 못한 사람이 있으면, 마치 자기가 그들을 밀어 구렁텅이에 빠지게 만든 것처럼 생각했다.

천하의 막중한 책임을 홀로 걸머진 것이 이와 같았기에, 탕에게 나아가 하나라를 정벌하여 백성을 구원할 것을 역설했던 것이다.

其自任以天下之重如此, 故就湯而說之以伐夏救民.
기 자 임 이 천 하 지 중 여 차　고 취 탕 이 세 지 이 벌 하 구 민

만장-상·하

吾未聞枉己而正人者也, 況辱己以正天下者乎?
오미문왕기이정인자야 황욕기이정천하자호

나는 자기를 굽혀서 남을 바르게 한다는 것을 들어본 적이 없다.
하물며 자신을 욕되게 하여 천하를 바르게 할 수 있겠는가?

할 割 : 베다·자르다

팽 烹 : 삶다·익히다

聖人之行不同也, 或遠或近, 或去或不去, 歸潔其身而已矣.
성인지행부동야 혹원혹근 혹거혹불거 귀결기신이이의

성인의 행동도 다 같지는 않아서,
혹은 권력을 멀리하거나 가까이 갈 수도 있고,
혹은 조정을 떠나거나 떠나기를 아쉬워 할 때도 있지만,
모두 내 몸을 깨끗하게 한다는 하나의 원칙은 가진다.

吾聞其以堯丶舜之道要湯, 未聞以割烹也.
오문기이요 순지도요탕 미문이할팽야
伊訓曰: '天誅造攻自牧宮, 朕載自亳.'"
이훈왈   천주조공자목궁   짐재자박

나는 이윤이 요·순의 도로써
탕을 설복시켰다는 말은 들었어도

할팽의 요리술로
빌붙었다는 말은
들어본 적이 없다!

이윤의 말이 있다.

하늘의 벌을 받을 죄업은
목궁의 걸왕 스스로 지은 것이다.
나는 탕왕을 돕는 역사를
박에서부터 시작하였노라.

— 『상서』「이훈」

孟子曰: "伯夷, 目不視惡色, 耳不聽惡聲.
맹자왈 백이 목불시오색 이불청오성

맹자께서 말씀하셨다.

"백이는 눈으로 혐오스러운 색을 보지 않았고,
귀로 혐오스러운 소리를 듣지 않았다.

非其君, 不事; 非其民, 不使. 治則進, 亂則退.
비기군 불사 비기민 불사 치즉진 난즉퇴

섬길 만한 임금이 아니면 섬기지 않고, 다스릴 만한 백성이 아니면 아예 다스리지 않았다.
세상에 질서가 있으면 나아가 정치에 참여하였고, 세상에 어지러우면 물러나 은둔하였다.

橫政之所出, 橫民之所止, 不忍居也.
횡정지소출 횡민지소지 불인거야

횡포한 정치가 판을 치는 조정이나, 횡포한
백성들이 모이는 곳에 머무르는 것을 참지 못했다.

思與鄉人處, 如以朝衣朝冠坐於塗炭也.
사여향인처 여이조의조관좌어도탄야

예의를 벗어난 향촌의 무리와 더불어 사는
것을 조복을 입고 관을 쓴 채 **진흙이나
석탄의 구덩이**에 앉은 것처럼 여겼고,

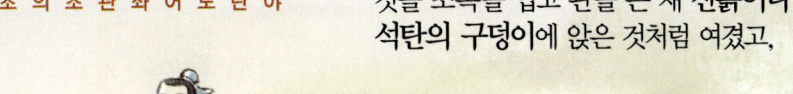

當紂之時, 居北海之濱, 以待天下之清也.
당주지시 거북해지빈 이대천하지청야

주왕이 다스리던 시기에는 북해의 해변가에
살면서 천하가 혼란을 가라앉히고
태평해지기를 기다렸다.

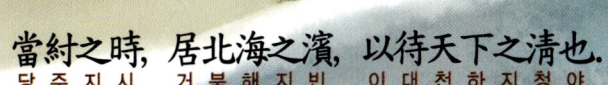

故聞伯夷之風者, 頑夫廉, 懦夫有立志.
고 문 백 이 지 풍 자   완 부 렴   나 부 유 립 지

그러므로 백이의 풍도를 듣는 자는 탐욕스러운 사람도 청렴해지고, 겁 많고 나약한 사람도 의지를 세우게 되었다.

伊尹曰: '何事非君? 何使非民?'
이 윤 왈   하 사 비 군   하 사 비 민

이와는 반대로 이윤은

이윤

어떠한 군주라도 섬기면 내 군주가 아닌가?

어떠한 백성이라도 다스리면 내 백성이 아닌가?

治亦進, 亂亦進,
치 역 진   난 역 진

치세에도 나아가 정치에 참여하였고, 난세에도 나아가 참여하였다.

천하의 백성, 필부필부라도 요·순의 은택을 입지 못하는 사람이 있게 되면 이윤은 마치 자기가 그를 밀어 구덩이에 빠지도록 만든 것처럼 가슴 아프게 생각하였다. 이렇게 그는 천하라는 막중한 책임을 홀로 걸머진 듯하였다.

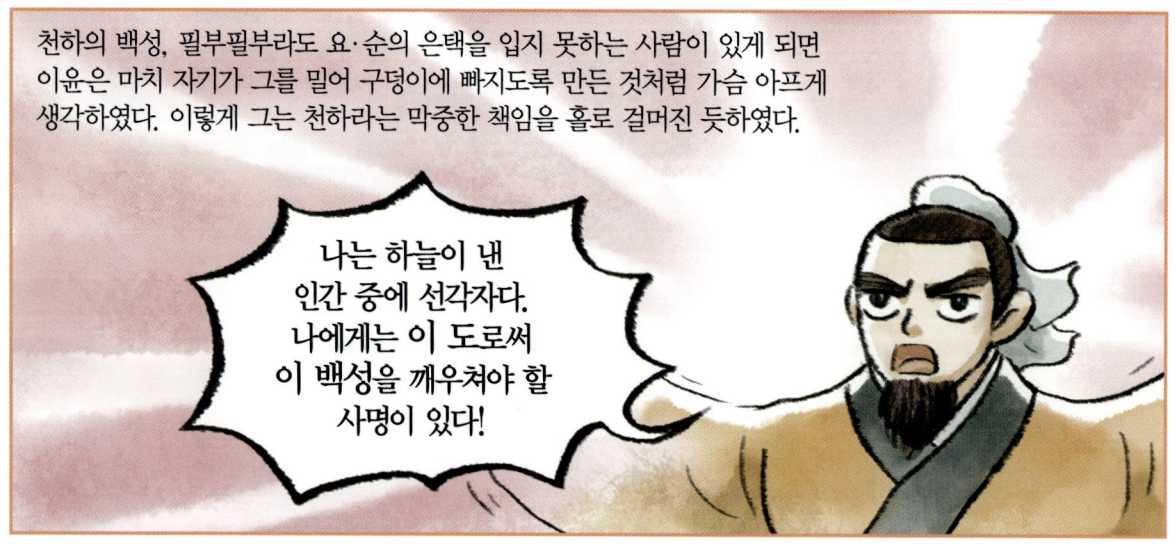

나는 하늘이 낸 인간 중에 선각자다. 나에게는 이 도로써 이 백성을 깨우쳐야 할 사명이 있다!

柳下惠, 不羞汙君, 不辭小官.
유하혜 불수오군 불사소관

유하혜는 명예가 더러워진 군주도 부끄러움 없이 섬겼으며, 시시한 관직도 받아들였다.

進不隱賢, 必以其道
진불은현 필이기도

조정에 나아가면 자신의 능력을 숨기지 않고, 반드시 정당한 도를 행하였다.

遺佚而不怨, 阨窮而不憫. 與鄉人處, 由由然不忍去也.
유일이불원 액궁이불민 여향인처 유유연불인거야

임금이 자기를 버려도 원망하지 않았고, 곤궁한 생활에 처해도 걱정이 없었으며, 향촌의 무리와 더불어 살아도 즐겁게 지내고, 떠나는 것을 아쉬워하였다.

'爾爲爾, 我爲我, 雖袒裼裸裎於我側,
이위이 아위아 수단석라정어아측

爾焉能浼我哉?'
이언능매아재

너는 너고, 나는 나다.

네가 내 곁에서 벌거벗은들 그것은 너의 무례일 뿐, 어찌 나를 더럽힐 수 있으랴!

故聞柳下惠之風者,
고문유하혜지풍자

鄙夫寬, 薄夫敦.
비부관 박부돈

그러므로 유하혜의 풍도를 들은 사람은 비루한 자는 관대해지고, 각박한 자는 후해졌다.

孔子之去齊, 接淅而行; 去魯, 曰: '遲遲吾行也, 去父母國之道也.'
공자지거제　접석이행　거로　왈　지지오행야　거부모국지도야

공자가 제나라를 떠날 때는 불린 쌀의 물만 따라 버리고 짐을 꾸려 미련 없이 떠났다.
그러나 노나라를 떠날 때는,

> 발길이 무거워 떨어지지 않는구나!
>
> 부모의 나라를 떠나는 길이니 어련하겠는가!

공자

可以速而速, 可以久而久, 可以處而處, 可以仕而仕, 孔子也."
가이속이속　가이구이구　가이처이처　가이사이사　공자야

> 빨리 떠나야 할 때면 빨리 떠나고,
> 오래 머물러야 할 때면 오래 머물고,
>
> 물러나 은거해야 할 상황이면 은거하고,
> 나아가 벼슬해야 할 상황이라면 벼슬한다.
>
> 이렇게 한 사람이 공자였다.

孟子曰: "伯夷, 聖之淸者也; 伊尹, 聖之任者也; 柳下惠, 聖之和者也;
맹자왈   백이 성지청자야   이윤 성지임자야   유하혜 성지화자야

백이가 성의 순결함을 구현한 자이고, 이윤이 성의 책임감을 구현한 자이고,
유하혜가 성의 자연스러운 조화를 구현한 자라면,

孔子, 聖之時者也. 孔子之謂集大成.
공자   성지시자야   공자지위집대성

공자는 이 모든 것을 때에 맞추어 구현하는
시중의 성인이다. 그러기에 우리는 공자를 가리켜
여러 가지를 모아 크게 이루었다고 하는 것이다.

集大成也者, 金聲而玉振之也.
집대성야자   금성이옥진지야

집대성이라는 것은 마치 아악에서 쇠로 된 소리가 울려 퍼지면,
옥으로 된 소리가 그 울려 퍼진 소리들을 감싸안는 것과도 같다.

곡부 공묘의 대성전

편종(쇠)

편경(옥)

만장–상·하 103

金聲也者, 始條理也; 玉振之也者, 終條理也.
금성야자 시조리야 옥진지야자 종조리야

금성이라고 하는 것은 음악이 시작할 때의 질서감이고,
옥진지라고 하는 것은 그 울려 퍼진 소리를 감싸안는 마무리의 질서감이다.

곡부 공묘의 첫 번째 돌문

*금성옥진: 성과 지를 집대성한 공자의 완성된 인격을 뜻한다.

시작하는 조리는 지혜의 사건이고, 마무리짓는 조리는 성의 사건이다.
지혜는 비유하자면 기교라 말할 수 있고, 성은 비유하자면 기력이라고 말할 수 있다.

始條理者, 智之事也; 終條理者, 聖之事也. 智, 譬則巧也; 聖, 譬則力也.
시조리야 지지사야 종조리자 성지사야 지 비즉교야 성 비즉력야

由射於百步之外也, 其至, 爾力也; 其中, 非爾力也."
유사어백보지외야 기지 이력야 기중 비이력야

지금 백 보 떨어진 곳에서 활을 쏜다고 해보자!
화살이 과녁이 있는 곳까지 힘차게 도달하는 것은 기력의 덕분이다.
그러나 과녁의 정중앙을 꿰뚫는 것은 기력 때문이 아니다!

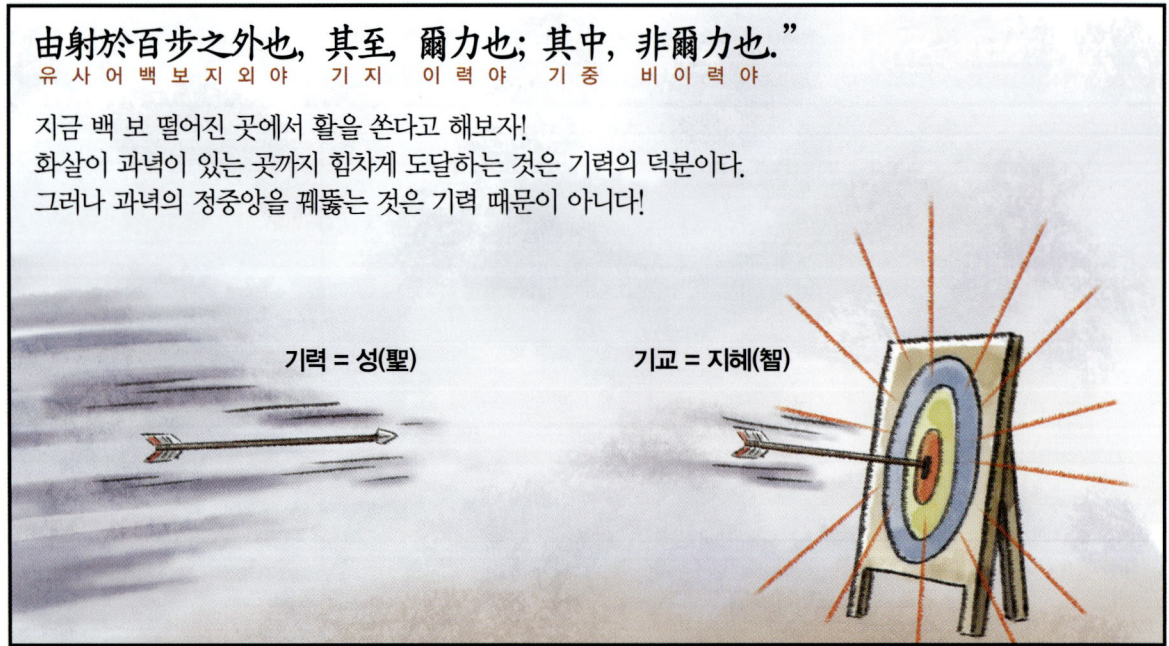

기력 = 성(聖)   기교 = 지혜(智)

北宮錡問曰: "周室班爵祿也, 如之何?"
북궁기문왈 주실반작록야 여지하

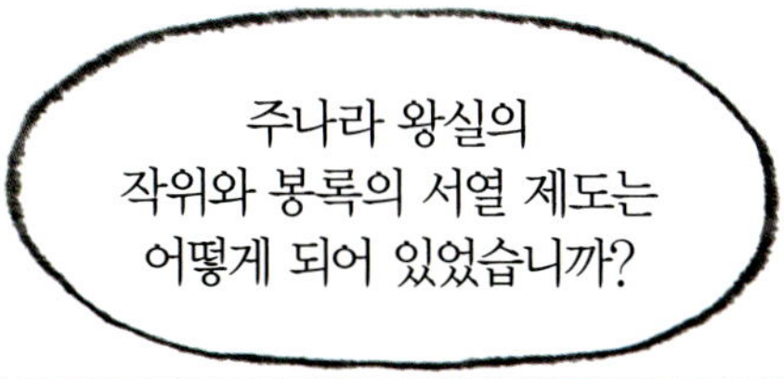

> 주나라 왕실의 작위와 봉록의 서열 제도는 어떻게 되어 있었습니까?

孟子曰: "其詳不可得聞也, 諸侯惡其害己也, 而皆去其籍.
맹자왈 기상불가득문야 제후오기해기야 이개거기적

> 그 자세한 것은 알 수가 없습니다.
>
> 후세의 제후들이 자신들에게 불리하다고 생각되면, 그것을 기록한 책들을 다 없애버렸지요.
>
> 그러나 제가 일찍이 들은 바는 대략 이렇습니다.

북궁기

然而軻也, 嘗聞其略也.
연이가야 상문기략야

天子一位, 公一位, 侯一位, 伯一位, 子·男同一位, 凡五等也.
천자일위 공일위 후일위 백일위 자 남동일위 범오등야

먼저 천자가 한 위, 공이 한 위, 후가 한 위, 백이 한 위, 자와 남이 같은 한 위, 모두 5등급이 있습니다.

〈제후의 등급〉 천자 / 공 / 후 / 백 / 자·남

君一位, **卿**一位, **大夫**一位, **上士**一位, **中士**一위, **下士**一位, 凡六等.
군일위　경일위　대부일위　상사일위　중사일위　하사일위　범육등

제후가 다스리는 지역에는 **군**이 한 위, **경**이 한 위, **대부**가 한 위,
상사가 한 위, **중사**가 한 위, **하사**가 한 위, 모두 6등급이 있지요.

〈제후국 작위 등급〉

天子之制, 地方千里, 公丶侯皆方百里, 伯七十里, 子丶男五十里, 凡四等.
천자지제　지방천리　공　후개방백리　백칠십리　자　남오십리　범사등

천자가 직접 다스리는 땅은 사방 1000리, 공과 후는 둘 다 사방 100리,
백은 사방 70리, 자와 남은 사방 50리, 무릇 4등급이 있습니다.

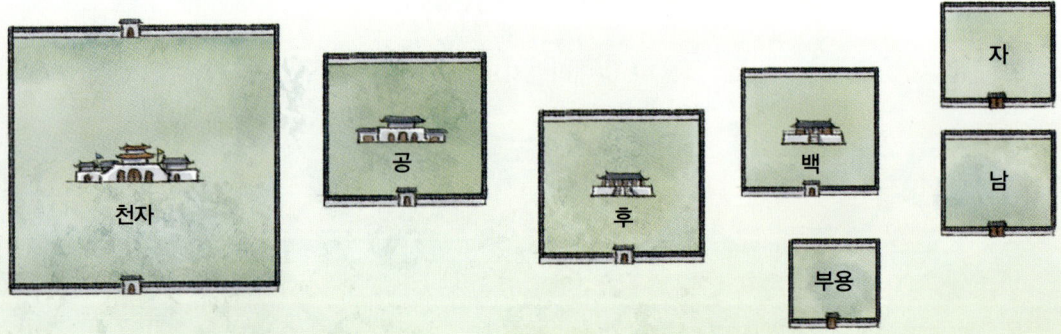

사방 50리가 안되어 천자를 뵐 수 있는
자격을 갖지 못하고 제후에 부속되어
있는 나라는 **부용**이라고 합니다.

不能五十里, 不達於天子, 附於諸侯, 曰附庸.
불능오십리　부달어천자　부어제후　왈부용

天子之卿受地視侯, 大夫受地視伯, 元士受地視子丶男.
천자지경수지시후　대부수지시백　원사수지시자　남

천자에 속한 경이 받는 땅은 후를 기준으로 하고,
천자에 속한 대부가 받는 땅은 백을 기준으로 하며,
천자에 속한 원사(상사)가 받는 땅은 자와 남을 기준으로 합니다.

 사방 100리　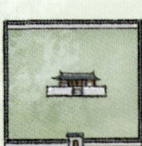 사방 70리　 사방 50리

大國地方百里, 君十卿祿, 卿祿四大夫, 大夫倍上士, 上士倍中士, 中士倍下士,
대 국 지 방 백 리　군 십 경 록　경 록 사 대 부　대 부 배 상 사　상 사 배 중 사　중 사 배 하 사

대국의 경우 그 땅이 사방 100리인데, 군주는 경이 받는 봉록의 10배를 받고,
경은 대부의 4배, 대부는 상사의 2배, 상사는 중사의 2배, 중사는 하사의 2배,

공작·후작의 나라

下士與庶人在官者同祿, 祿足以代其耕也.
하 사 여 서 인 재 관 자 동 록　녹 족 이 대 기 경 야

하사는 평민으로서 관에 있는 자와 같은 봉록을 받는데,
그 봉록은 한 남자가 농사를 지어 얻는 수입과 같습니다.

次國地方七十里, 君十卿祿, 卿祿三大夫, 大夫倍上士, 上士倍中士, 中士倍下士,
차 국 지 방 칠 십 리　군 십 경 록　경 록 삼 대 부　대 부 배 상 사　상 사 배 중 사　중 사 배 하 사

다음으로 사방 70리의 나라는, 군주는 경이 받는 봉록의 10배를 받고,
경은 대부의 3배, 대부는 상사의 2배, 상사는 중사의 2배, 중사는 하사의 2배,

백작의 나라

하사는 서인으로서 관에 있는 자와 같은 봉록을 받는데,
그 봉록은 한 남자가 농사를 지어 얻는 수입과 같습니다.

小國地方五十里, 君十卿祿, 卿祿二大夫, 大夫倍上士, 上士倍中士, 中士倍下士,
소 국 지 방 오 십 리　군 십 경 록　경 록 이 대 부　대 부 배 상 사　상 사 배 중 사　중 사 배 하 사

사방 50리의 작은 나라는, 군주는 경이 받는 봉록의 10배를 받고, 경은 대부의 2배,
대부는 상사의 2배, 상사는 중사의 2배, 중사는 하사의 2배,

자작·남작의 나라

하사는 서인으로서 관에 있는 자와 같은 봉록을 받는데,
그 봉록은 한 남자가 농사를 지어 얻는 수입과 같습니다.

耕者之所獲, 一夫百畝. 百畝之糞, 上農夫食九人, 上次食八人,
경 자 지 소 획   일 부 백 묘   백 묘 지 분   상 농 부 사 구 인   상 차 사 팔 인

농사짓는 사람이 얻는 땅은 한 남자가 백묘를 받지만 능력에 따라 구분이 생기는데,
상농부는 식구 9사람을 먹일 수 있지만, 다음 급의 상농부는 8사람을 먹일 수 있고,

중농부는 식구 7사람을 먹일 수 있으며,
다음 급의 중농부는 식구 6사람을 먹일 수 있고,
하농부는 식구 5사람을 먹일 수 있습니다.

中食七人, 中次食六人, 下食五人.
중 사 칠 인   중 차 사 육 인   하 사 오 인

庶人在官者, 其祿以是爲差."
서 인 재 관 자   기 록 이 시 위 차

그러므로 서인으로서 관에 있는 사람도

그 능력에 따라 봉록에 차등이 있었죠.

만장 하 - 3

萬章問曰: "敢問友."
만장문왈 감문우

孟子曰: "不挾長, 不挾貴, 不挾兄弟而友. 友也者, 友其德也, 不可以有挾也.
맹자왈 불협장 불협귀 불협형제이우 우야자 우기덕야 불가이유협야

감히 친구 사귐에 대해 묻고자 합니다.

나이의 많고 적음이나 신분의 높고 낮음이 끼어들면 안되고,

연줄이나 패거리의식이 끼어들면 안된다.

친구를 사귄다는 것은 그 덕을 벗하는 것이기에, 그 사이에 어떤 것도 끼어들어서는 안된다.

孟獻子, 百乘之家也, 有友五人焉:
맹헌자 백승지가야 유우오인언
樂正裘, 牧仲, 其三人, 則予忘之矣.
악정구 목중 기삼인 즉여망지의

맹헌자는 전차 100승을 소유한 집안의 사람이었는데, 친구가 5명이 있었다.

獻子之與此五人者友也,
헌자지여차오인자우야
無獻子之家者也.
무헌자지가자야

헌자가 이 다섯 사람과 벗한 것은 헌자 자신의 가문을 내세우지 않았기 때문이었다.

악정구, 목중…

나머지 세 사람의 이름은 내가 잊어버렸다.

만장-상·하

非惟百乘之家爲然也,
비유백승지가위연야

雖小國之君亦有之.
수소국지군역유지

100승을 가진 집안 뿐 아니라, 작은 나라 군주의 경우에도 이런 사례가 있다.

費惠公曰: '吾於子思, 則師之矣; 吾於顏般,
비혜공왈   오어자사 즉사지의 오어안반

則友之矣; 王順丶長息, 則事我者也.'
즉우지의 왕순 장식 즉사아자야

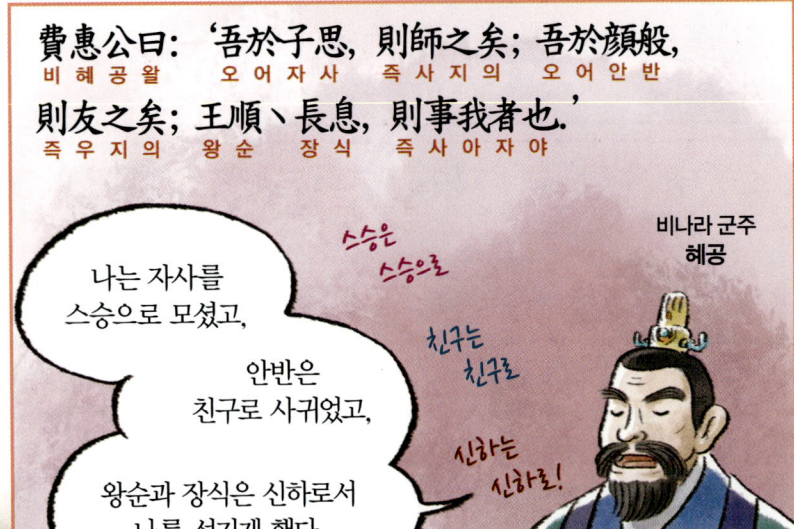

비나라 군주 혜공

"나는 자사를 스승으로 모셨고, 안반은 친구로 사귀었고, 왕순과 장식은 신하로서 나를 섬기게 했다."

스승은 스승으로
친구는 친구로
신하는 신하로!

非惟小國之君爲然也, 雖大國之君亦有之.
비유소국지군위연야   수대국지군역유지

비단 소국의 군주뿐 아니라, 큰 나라 군주의 경우에도 또한 같은 사례가 있다.

晉平公之於亥唐也, 入云則入, 坐云則坐, 食云則食. 雖疏食菜羹, 未嘗不飽,
진평공지어해당야   입운즉입   좌운즉좌   식운즉식   수소사채갱   미상불포

蓋不敢不飽也. 然終於此而已矣.
개불감불포야 연종어차이이의

진나라 평공이 현자 해당을 방문했을 때, 들어오라면 들어가고, 앉으라면 앉고, 먹으라면 먹었다.

비록 거친 밥과 시레기국이라도 배불리 먹지 않은 적이 없었는데, 해당에게 성의를 표하기 위해 배불리 먹지 않을 수 없었던 것이다. 그러나 진평공은 여기에 그치고 말았을 뿐이다.

진평공   해당

弗與共**天位**也, 弗與治**天職**也, 弗與食**天祿**也, 士之尊賢者也, 非王公之尊賢也.
불여공천위야　　불여치천직야　　불여식천록야　　사지존현자야　　비왕공지존현야

진평공은 해당과 하늘이 주는 지위를 나누지 않았고, 하늘이 주는 관직을 나누지 않았고,
하늘이 주는 녹봉을 나누어 갖지 않았으니,

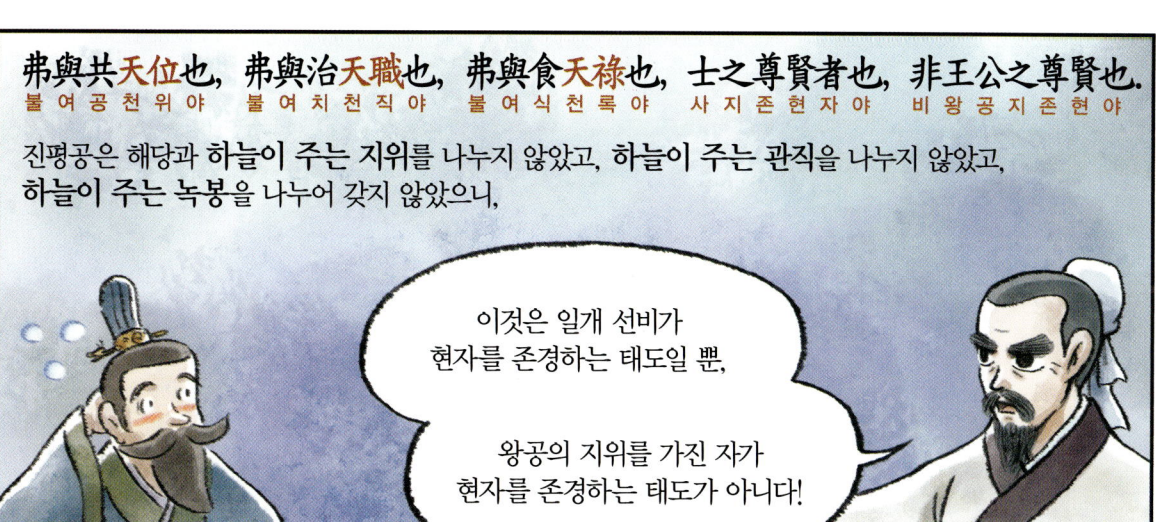

舜尚見帝, 帝館甥于貳室, 亦饗舜, 迭爲賓主, 是天子而友匹夫也.
순상현제　　제관생우이실　　역향순　　질위빈주　　시천자이우필부야

순이 요임금을 뵐 때, 요는 사위인 순을 자신의 별궁에 머물게 하고,
순을 초청하여 향연을 열고, 서로 번갈아 주인과 손님이 되었다.
이것은 천자가 필부를 벗한 아름다운 사례 중의 하나이다.

用下敬上, 謂之**貴貴**; 用上敬下, 謂之**尊賢**. 貴貴尊賢, 其義一也."
용하경상　　위지귀귀　　용상경하　　위지존현　　귀귀존현　기의일야

아랫사람이 윗사람을 존경하는 것을 '귀한 자를 귀하게 대접한다'고 하고,
윗 사람이 아랫사람을 존경하는 것을 '**현자를 높인다**'고 한다.
귀귀와 **존현**은 존경해야 할 사람을 존경한다는 점에서
그 뜻이 하나로 통하는 것이다."

孟子曰: "仕非爲貧也, 而有時乎爲貧;
맹자왈   사비위빈야   이유시호위빈

娶妻非爲養也, 而有時乎爲養.
취처비위양야   이유시호위양

벼슬은 가난을 면하기 위해 하는 것은 아니다. 그러나 때로는 가난 때문에 벼슬을 할 때도 있다.

아내를 얻는 것은 살림을 돌보기 위함은 아니다. 그러나 때로는 집안의 살림을 위해 아내를 얻을 수도 있다.

爲貧者, 辭尊居卑, 辭富居貧.
위빈자   사존거비   사부거빈

단지 가난을 면하기 위해 벼슬할 때에는 높은 지위를 사양하고 낮은 자리에 있어야 하며, 후한 녹봉을 사양하고 적은 녹봉에 만족해야 한다.

포관
(문지기)

辭尊居卑, 辭富居貧, 惡乎宜乎?
사존거비   사부거빈   오호의호

抱關擊柝.
포관격탁

높은 지위를 사양하고 낮은 자리에 있고, 후록을 사양하고 박록에 만족하자면 어느 자리가 적당할까? 문지기나 야경꾼 정도면 아주 좋다.

격탁
(야경꾼)

딱딱

萬章曰: "敢問不見諸侯, 何義也?"
만장왈 감문불현제후 하의야

孟子曰: "在國曰市井之臣, 在野曰草莽之臣, 皆謂庶人. 庶人不傳質爲臣,
맹자왈 재국왈시정지신 재야왈초망지신 개위서인 서인부전질위신
不敢見於諸侯, 禮也."
불감현어제후 예야

萬章曰: "庶人, 召之役, 則往役; 君欲見之, 召之, 則不往見之, 何也?"
만장왈 서인 소지역 즉왕역 군욕견지 소지 즉불왕현지 하야

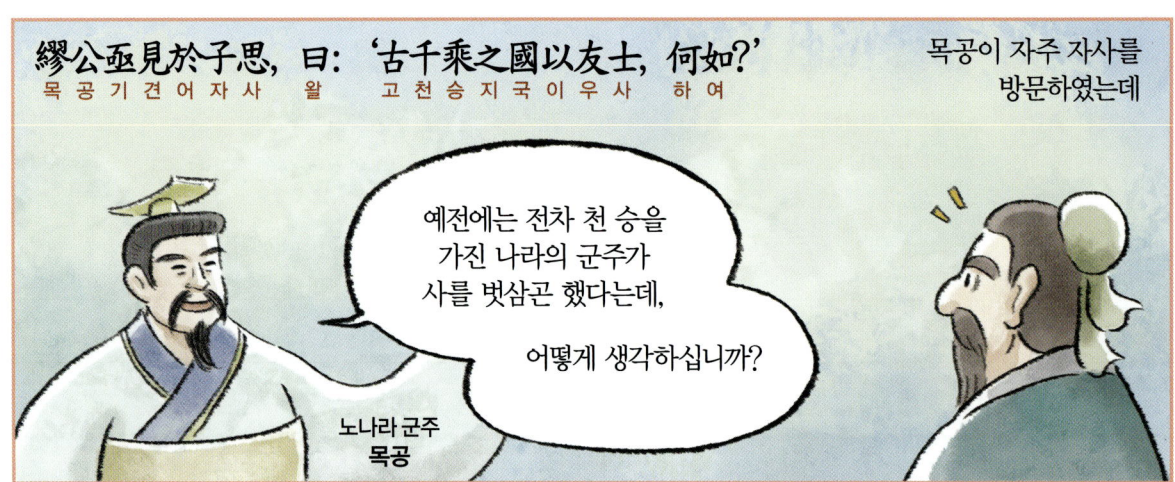

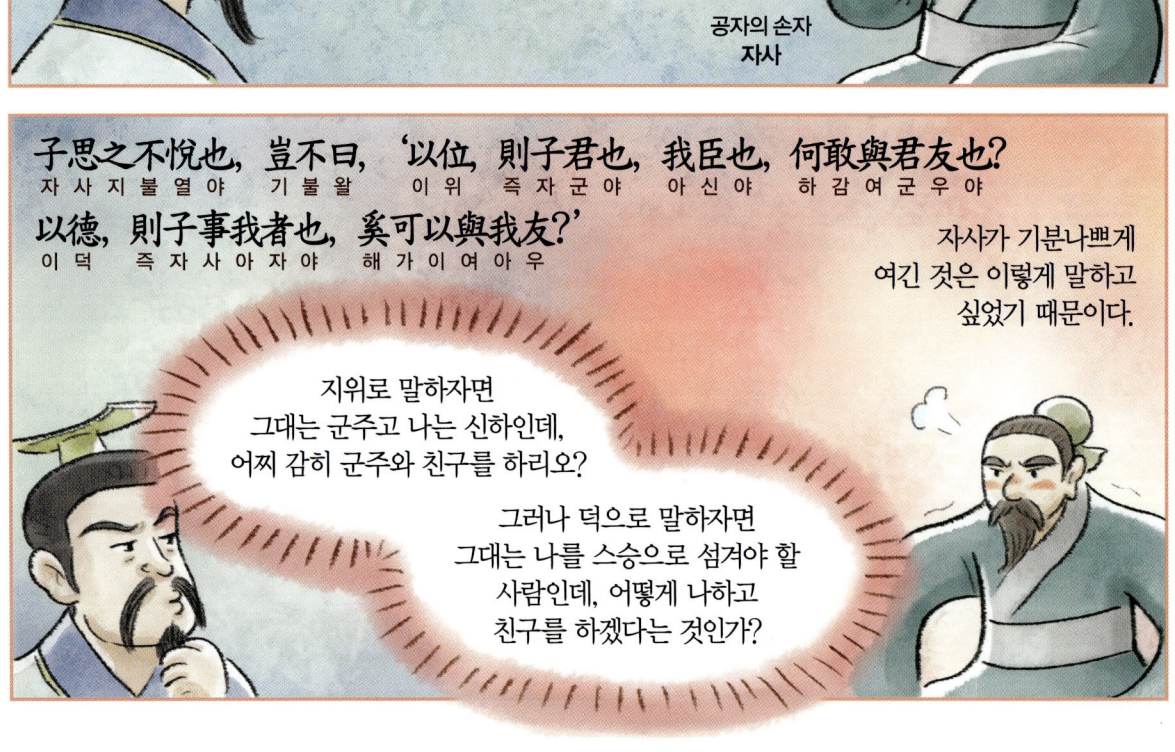

以大夫之招招虞人, 虞人死不敢往.
이대부지초초우인 우인사불감왕

그런데 대부를 부르는 깃발로 우인을 불렀으니,
우인이 죽을지언정 감히 나아가지 못한 것이다.

以士之招招庶人, 庶人豈敢往哉? 況乎以不賢人之招招賢人乎?
이사지초초서인 서인기감왕재 황호이불현인지초초현인호

사를 부를 때 쓰는 깃발로 서인을 부른다면 어느 서인이 감히 나아가겠는가?
하물며 불현인을 부르는 방법으로 현인을 부른단 말인가?

사 = 신하

서인 = 현인이 될 수
있는 자유인

현인을 만나고 싶어하면서 정당한 방법으로 하지 않는 것은,
사람이 집에 들어오기를 바라면서 문을 걸어 잠그는 것과 같다.

欲見賢人而不以其道, 猶欲其入而閉之門也.
욕견현인이불이기도 유욕기입이폐지문야

夫義, 路也; 禮, 門也. 惟君子能由是路, 出入是門也.
부의 로야 예 문야 유군자능유시로 출입시문야

무릇 의는 길이요, 예는 문과 같은 것이다.
오직 군자만이 이 길을 걸어갈 수 있고,
이 문을 **출입**할 수 있다.

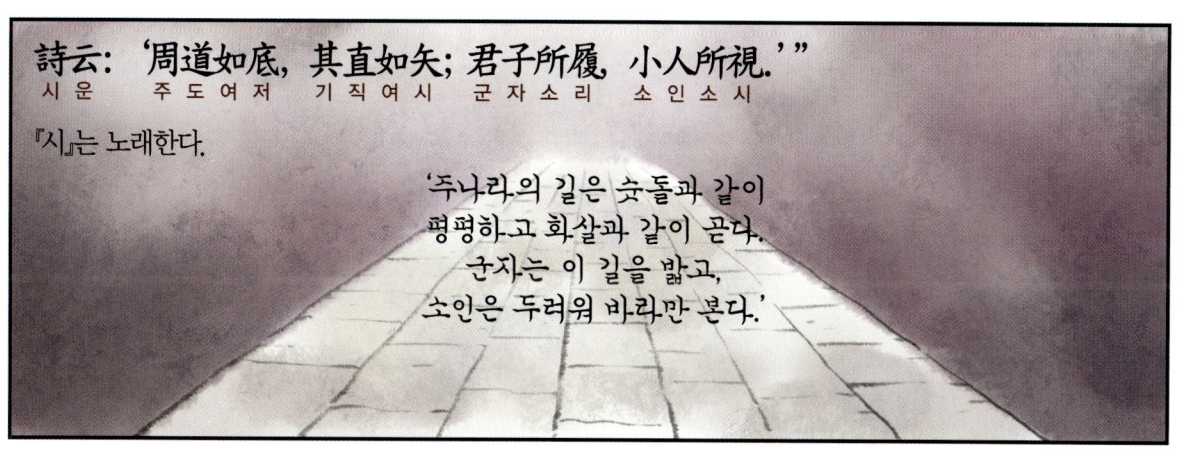

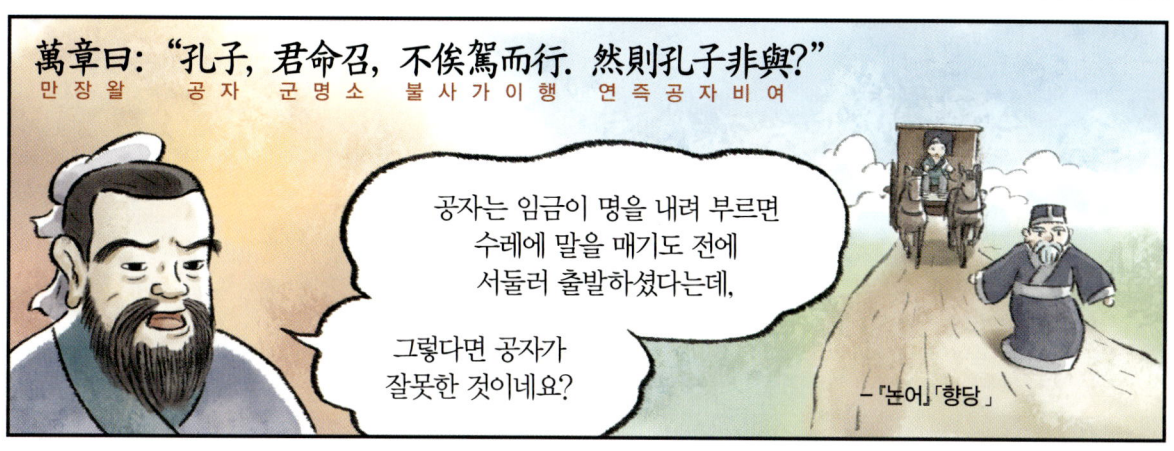

孟子謂萬章曰: "一鄕之善士, 斯友一鄕之善士;
맹자위만장왈   일향지선사   사우일향지선사

맹자께서 만장에게 일러 말씀하셨다.

"한 고을의 뛰어난 인재는 같은 고을의 뛰어난 인재와 벗할 수밖에 없다.

一國之善士, 斯友一國之善士; 天下之善士, 斯友天下之善士.
일국지선사   사우일국지선사   천하지선사   사우천하지선사

한 나라의 뛰어난 인재는 그 나라의 뛰어난 인재와 벗할 수밖에 없으며
천하의 뛰어난 인재는 천하의 뛰어난 인재와 벗할 수밖에 없다.

以友天下之善士爲未足, 又尙論古之人
이우천하지선사위미족   우상논고지인

그런데 천하의 뛰어난 인재와 벗해도 만족할 수 없다면,
역사를 거슬러 올라가 옛 성현들을 논하며 벗삼으면 된다.

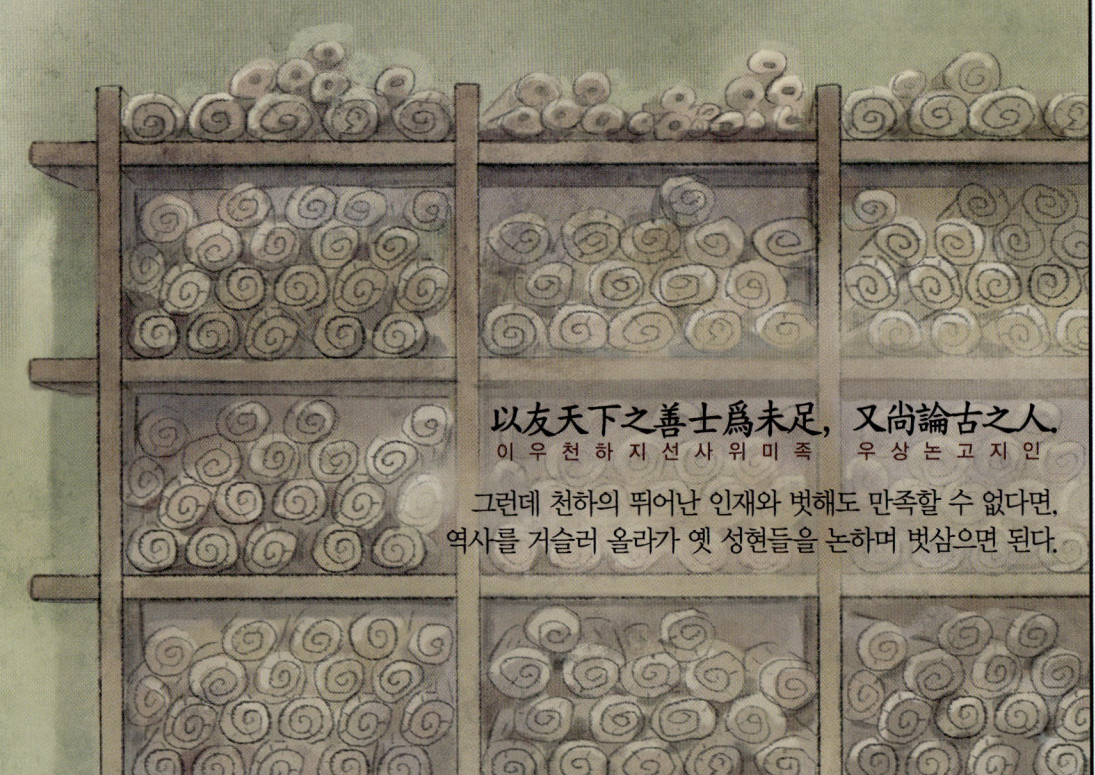

선양의 문제

중국 고대사를 읽다 보면 꼭 알고 넘어가야 하는 말이 있습니다.

禪讓

바로 '선양'이죠.

선양 禪讓

전혀 다른 정치세력에게 왕위를 물려주는 일

앞서 말했듯이 요임금은 소문난 효자인 순을 사위로 맞아들여

딸 둘에 사위 하나~

후계자 수업을 시킨 다음 왕위를 물려주었고,

요·순 선양

28년간 각종 시험을 무사히 통과했으므로

순임금 또한 신하였던 우에게 왕위를 물려주었다는 전설이 있습니다.

순·우 선양

치수의 공이 크고 17년간 재상 시험 통과~

실제 역사에서는 있기 힘든 아름다운 이야기죠.

오~ 먼 옛날에는 가능한 일이었나 보다~

순진한 현대인들

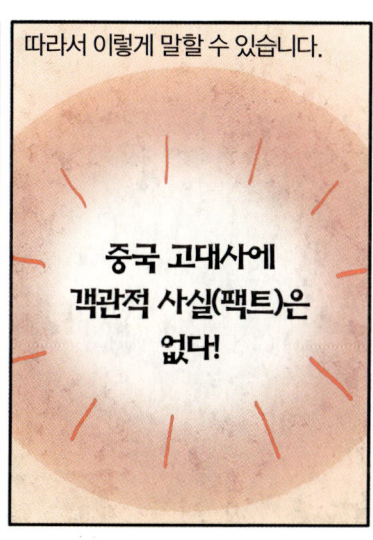

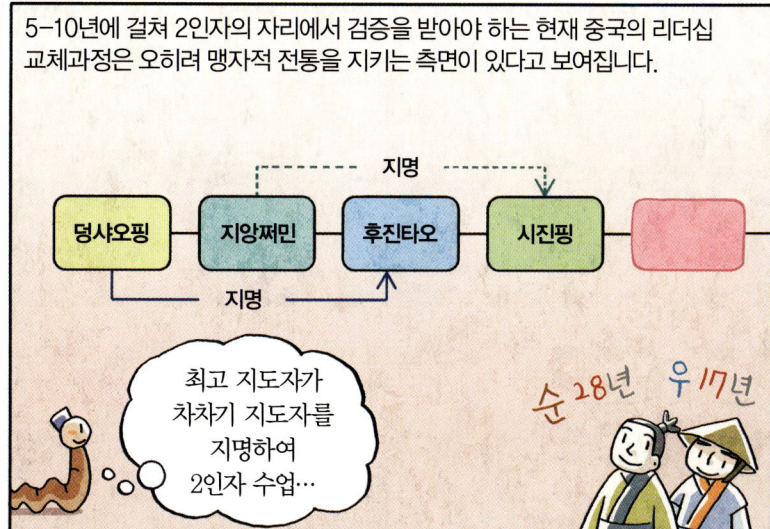

선양의 문제

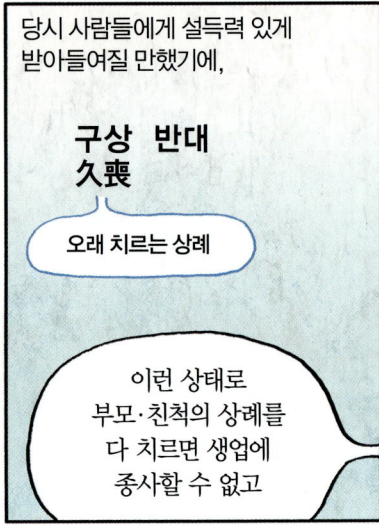

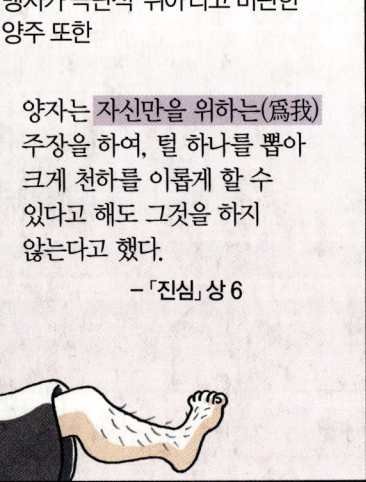
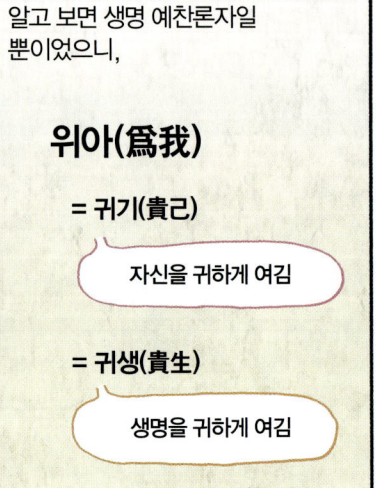

털 한 오라기는 피부보다 작고, 피부가 팔뚝 하나보다 작은 것은 명백하오.

그러나 털 하나가 쌓여 피부를 이루고, 피부가 쌓여 팔뚝을 이루는 것이오.

털 하나라도 그것이 비록 한 몸의 만분지일일지언정 고귀하기는 마찬가지이니,

어찌 경솔하게 다룰 수 있단 말이오?

이렇듯 양주의 사상은 극단적 쾌락주의가 아니라,

요 순도 걸 주도 죽으면 똑같이 해골이 될 뿐…

살아있는 그 순간이 가장 중요하다

후세에 이름을 남기려 삶을 속박하는 것은 어리석은 일…

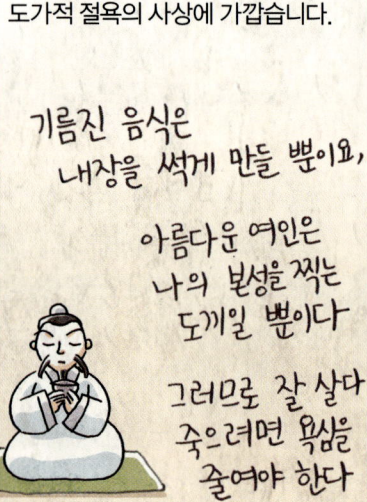

도가적 절욕의 사상에 가깝습니다.

기름진 음식은 내장을 썩게 만들 뿐이요,

아름다운 여인은 나의 본성을 찍는 도끼일 뿐이다

그러므로 잘 살다 죽으려면 욕심을 줄여야 한다

욕심을 절제하라는 것도 성인이 되기 위해서가 아니라 '전생'을 위해서죠.

전생 全生
온전한 삶을 위하여!

우선 내 몸을 잘 보존하는 것 부터!

양주와 묵적의 사상이 대중적으로 꽤 인기가 있었기 때문에

나는 소중하다
위아 爲我

두루 똑같이 사랑하자
겸애 兼愛

맹자는 양·묵의 사상을 싸잡아 비판하는 방식으로

'천하'의 개념도 없고
무군 無君

무부 無父
'가족'의 개념도 없도다!

유가의 사상을 알리려고 했던 것이죠.

인의 仁義

선양의 문제

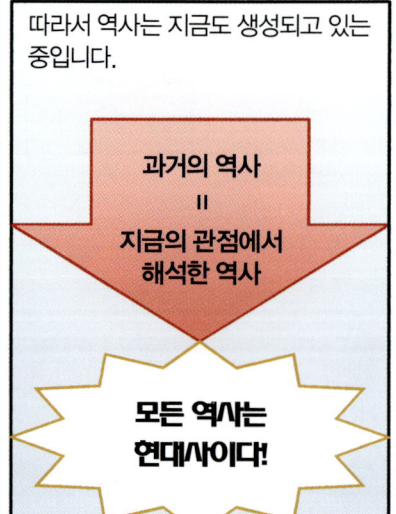

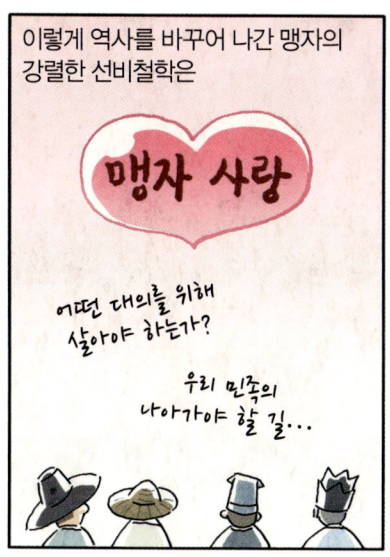

고자 상하
告子 上下

고자상 – 6

公都子曰: "告子曰: '性無善無不善也.'
공도자왈   고자왈   성무선무불선야

제자 공도자

고자는,
'성 그 자체에는 선도 없고 불선도 없다'라고 말합니다.

或曰: '性可以爲善, 可以爲不善. 是故文ヽ武興, 則民好善;
혹왈   성가이위선   가이위불선   시고문   무흥   즉민호선
幽ヽ厲興, 則民好暴.'
유   려흥   즉민호폭

'성은 선하게 될 수도 있고, 불선하게 될 수도 있다.
그러므로 문왕·무왕과 같은 성군이 일어나면 백성들도 선을 좋아하고,
유왕·려왕과 같은 폭군이 일어나면 백성들도 난폭함을 좋아하게 된다.'

또 어떤 사람은 이렇게 말합니다.

若夫爲不善, 非才之罪也.
약부위불선 비재지죄야

누군가 불선한 행동을 한다고 해도, 그것이 성의 타고난 자질의 죄는 아니다.

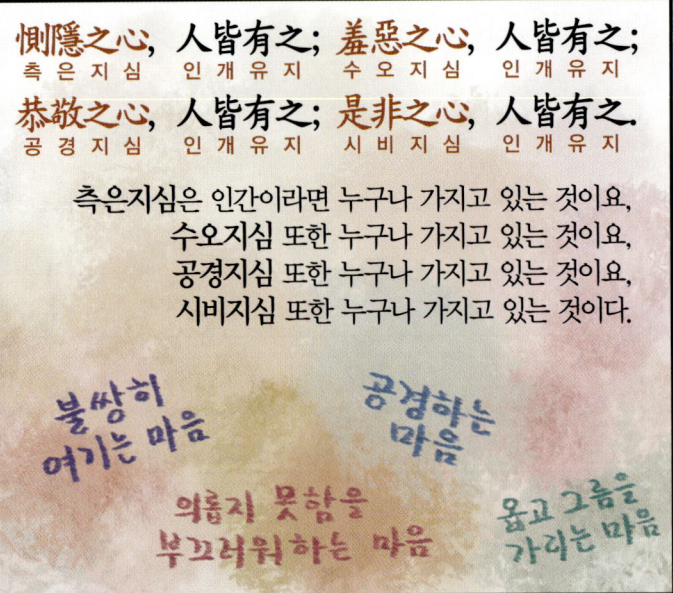

惻隱之心, 人皆有之; 羞惡之心, 人皆有之;
측은지심 인개유지 수오지심 인개유지
恭敬之心, 人皆有之; 是非之心, 人皆有之.
공경지심 인개유지 시비지심 인개유지

측은지심은 인간이라면 누구나 가지고 있는 것이요,
수오지심 또한 누구나 가지고 있는 것이요,
공경지심 또한 누구나 가지고 있는 것이요,
시비지심 또한 누구나 가지고 있는 것이다.

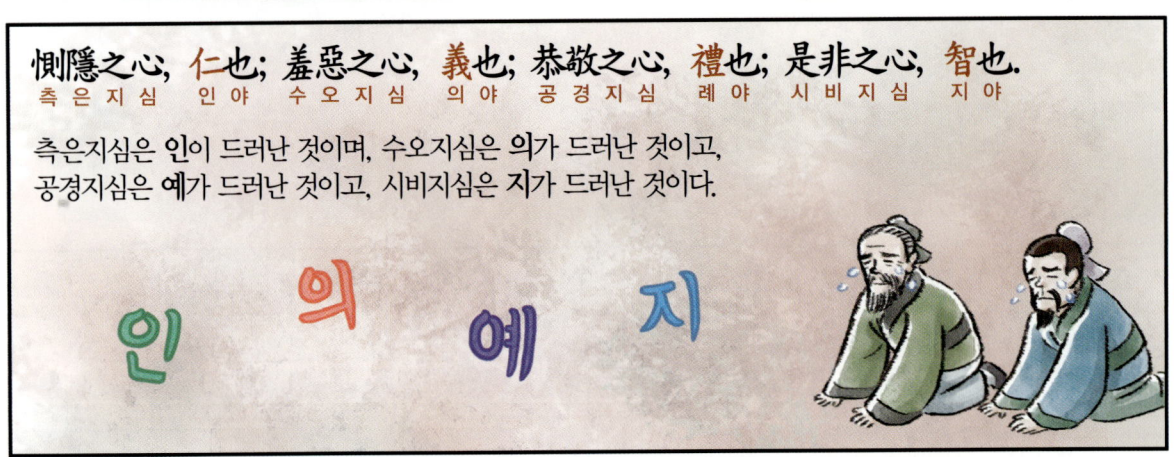

惻隱之心, 仁也; 羞惡之心, 義也; 恭敬之心, 禮也; 是非之心, 智也.
측은지심 인야 수오지심 의야 공경지심 례야 시비지심 지야

측은지심은 **인**이 드러난 것이며, 수오지심은 **의**가 드러난 것이고,
공경지심은 **예**가 드러난 것이고, 시비지심은 **지**가 드러난 것이다.

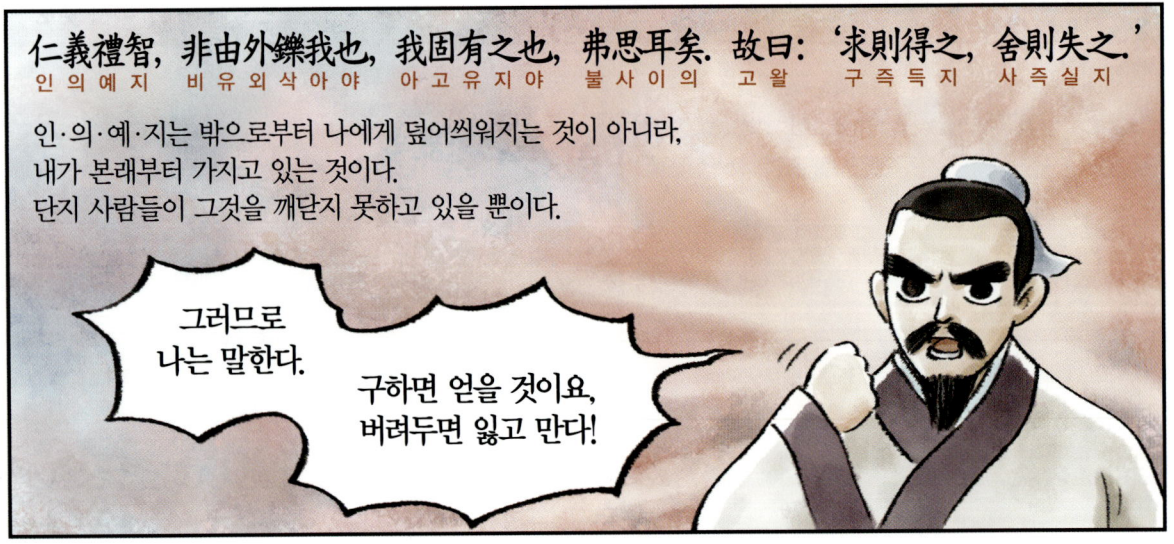

仁義禮智, 非由外鑠我也, 我固有之也, 弗思耳矣. 故曰: '求則得之, 舍則失之.'
인의예지 비유외삭아야 아고유지야 불사이의 고왈 구즉득지 사즉실지

인·의·예·지는 밖으로부터 나에게 덮어씌워지는 것이 아니라,
내가 본래부터 가지고 있는 것이다.
단지 사람들이 그것을 깨닫지 못하고 있을 뿐이다.

그러므로 나는 말한다.

구하면 얻을 것이요, 버려두면 잃고 만다!

或相倍蓰而無算者, 不能盡其才者也.
혹상배사이무산자 불능진기재자야

선과 악, 현과 불초의 차이가 두 배, 다섯 배,
혹은 헤아릴 수 없도록 벌어지게 되는 것은
자신의 재질을 충분히 드러내지 않았기 때문이다.

그리고 이것은 나만의 생각이 아니다.

詩曰, '天生蒸民, 有物有則. 民之秉夷, 好是懿德.'
시왈 천생증민 유물유칙 민지병이 호시의덕

『시』에 유명한 노래 구절이 있다.

'하늘이 뭇백성을 내었을 때,
사물이 있으면 고유한 법칙도 있게 하셨다.
백성들이 항상스러운 성품을 지녔기에,
이 아름다운 덕을 좋아하는도다!'

– 대아 「증민」

공자께서도 말씀하셨다.

'이 시를 지은 사람은 도를 깨달은 자이다!
그래서 사물이 있으면 반드시 그에 맞는 법칙이 있다고 하였고,
백성들이 항상스런 성품을 지니려 하기 때문에
이 아름다운 덕을 좋아한다고 한 것이다.'

孔子曰: '爲此詩者, 其知道乎!
공자왈   위차시자 기지도호
故有物必有則, 民之秉夷也, 故好是懿德.'"
고유물필유칙 민지병이야 고호시의덕

이 시는 인간의 성이 본래적으로 선하다는 것을 웅변하고 있는 것이다.

孟子曰: "富歲, 子弟多賴; 凶歲, 子弟多暴.
맹자왈　부세　자제다뢰　흉세　자제다포

맹자께서 말씀하셨다.

"풍년에 청소년들이 나태한 경향을 보이고
흉년에 청소년들이 포악한 경향을 보이는 것은,

非天之降才爾殊也, 其所以陷溺其心者然也.
비천지강재이수야　기소이함닉기심자연야

하늘이 부여한 본래의 자질이 다르기 때문이 아니라,
그 시대적 환경에 빠져든 그들의 마음이
그렇게 만든 것이다.

今夫麰麥, 播種而耰之, 其地同, 樹之時又同, 浡然而生, 至於日至之時, 皆熟矣.
금부모맥　파종이우지　기지동　수지시우동　발연이생　지어일지지시　개숙의

지금 저 보리의 경우, 씨를 뿌리고 흙을 고르게 잘 덮어주면,
같은 밭에서 같은 시기에 뿌려진 씨들이 쑥쑥 싹을 내며 자라나,
하지가 되면 모두 다 무르익게 된다.

雖有不同, 則地有肥磽, 雨露之養,
수유부동 즉지유비요 우로지양
人事之不齊也.
인사지부제야

비록 수확에 차이가 있다 해도 그것은 땅의 비옥함과 척박함, 비와 이슬의 양, 농부의 보살핌이 같지 않았기 때문이다. (보리 종자의 차이 때문이 아니다)

故凡同類者, 擧相似也,
고 범 동 류 자   거 상 사 야

그러므로 무릇 같은 무리는 모두 서로 비슷한 구조를 가지고 있는 것이다.

何獨至於人而疑之? 聖人, 與我同類者.
하 독 지 어 인 이 의 지   성 인   여 아 동 류 자

어찌 유독 인간에 대해서만 서로 다르다고 우기겠는가?
성인이야말로 우리와 동류의 존재이다.

故龍子曰:'不知足而爲屨, 我知其不爲蕢也.' 屨之相似, 天下之足同也.
고 용 자 왈　부 지 족 이 위 구　아 지 기 불 위 궤 야　구 지 상 사　천 하 지 족 동 야

그러므로 현인 용자는 이렇게 말한 바 있다.

'발 생긴 것을 모르고 짚신을 삼아도 그것이
삼태기가 되지는 않는다는 것을 나는 안다.'

짚신이 대강 비슷한 것은 천하사람들의
발이 거의 비슷하게 생겼기 때문이다.

口之於味, 有同耆也. 易牙, 先得我口之所耆者也.
구 지 어 미　유 동 기 야　역 아　선 득 아 구 지 소 기 자 야

입으로 맛을 느낄 때도 좋아하는 맛은 비슷하다.
역아는 우리의 입이 맛있어하는 바를 먼저 깨달은 사람이었다.

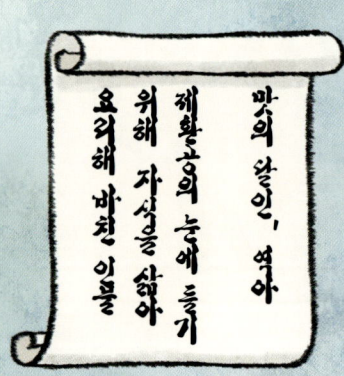

如使口之於味也, 其性與人殊, 若犬馬之與我不同類也, 則天下何耆皆從
여 사 구 지 어 미 야　기 성 여 인 수　약 견 마 지 여 아 부 동 류 야　즉 천 하 하 기 개 종

易牙之於味也?
역 아 지 어 미 야

만약 입맛의 취향이 남들과 다른 정도가
개와 말의 입맛이 인간과 다른 정도라면,
천하사람들이 좋아하면서 모두 역아의
맛의 취향을 따르겠는가?

至於味, 天下期於易牙, 是天下之口相似也.
지어미 천하기어역아 시천하지구상사야

맛에 있어서 천하사람들이 모두 역아에게 기대를 거는 것은
천하사람들의 입맛이 대체로 비슷하기 때문이다.

惟耳亦然. 至於聲, 天下期於師曠,
유이역연 지어성 천하기어사광

是天下之耳相似也.
시천하지이상사야

듣는 것 역시 그러하다.
음악에 있어서 천하사람들이 모두
사광에게 기대를 거는 것은 천하사람들의 귀의
감각이 대체로 비슷하기 때문이다.

음악의 달인, 사광

미인, 자도

보는 것 또한 마찬가지다.
자도에 관하여, 천하사람 누구든지 그 아름다움을 모르는 자가 없다.
자도의 아름다움을 모르는 사람은 눈 뜨고도 앞을 못 보는 자이다.

惟目亦然. 至於子都, 天下莫不知其姣也.
유목역연 지어자도 천하막부지기교야

不知子都之姣者, 無目者也.
부지자도지교자 무목자야

고자-상·하

故曰, 口之於味也, 有同耆焉; 耳之於聲也, 有同聽焉; 目之於色也, 有同美焉.
고왈 구지어미야 유동기언 이지어성야 유동청언 목지어색야 유동미언

그러므로 나는 말한다.
입과 맛의 관계에는 같이 맛있어 함이 있으며,
귀와 소리의 관계에는 같이 좋게 들음이 있으며,
눈과 모습의 관계에는 같이 아름다워함이 있다.

至於心, 獨無所同然乎? 心之所同然者何也? 謂理也, 義也.
지어심 독무소동연호 심지소동연자하야 위리야 의야

어찌 유독 마음에 있어서만 같은 것이 없을까보냐?
인간의 마음이 같은 것이 무엇인가?
그것은 바로 리요, 의다.

성인은 우리 마음이 공유하는
도덕적 성향을 먼저 깨달은 자이다.

그러므로 리와 의가
우리의 마음을 기쁘게 하는 것은

마치 고기요리가 우리의 입을
즐겁게 하는 것과 같다.

聖人先得我心之所同然耳.
성인선득아심지소동연이
故理義之悅我心, 猶芻豢之悅我口."
고리의지열아심 유추환지열아구

고자상 - 8

孟子曰: "牛山之木嘗美矣,
맹자왈 우산지목상미의

맹자께서 말씀하셨다.

以其郊於大國也, 斧斤伐之, 可以爲美乎?
이기교어대국야 부근벌지 가이위미호

"제나라 우산에는 본시 우람찬 나무들이 아름답게 들어차 있었는데,
그 산이 대도시 근처에 위치한 까닭에 많은 사람들이 도끼와 자귀로 베어내니
어찌 그 아름다운 모습을 유지할 수 있었겠는가?

그래도 낮과 밤으로 끊임없이 자라고,
비와 이슬을 머금은 새싹들이 솟아오르지 않을 수 없는데,
또 다시 거기에 소와 양을 풀어 먹이니 저렇게 민둥산이 되고 만 것이다.

是其日夜之所息, 雨露之所潤, 非無萌蘖之生焉,
시기일야지소식 우로지소윤 비무맹얼지생언
牛羊又從而牧之, 是以若彼濯濯也.
우양우종이목지 시이약피탁탁야

人見其濯濯也, 以爲未嘗有材焉, 此豈山之性也哉?
인견기탁탁야 이위미상유재언 차기산지성야재

사람들이 저 민둥산을 보고 원래부터
나무가 없었다고 생각하는데,
이것이 어찌 저 산 본래의 성일까보냐?

고자-상·하

雖存乎人者, 豈無仁義之心哉?
수 존 호 인 자　기 무 인 의 지 심 재

사람에게 본래 있는 것을 말한다 해도 어찌 인의의 마음이 없다고 말할 수 있겠는가?

其所以放其良心者, 亦猶斧斤之於木也,
기 소 이 방 기 양 심 자　역 유 부 근 지 어 목 야
旦旦而伐之, 可以爲美乎?
단 단 이 벌 지　가 이 위 미 호

그 몸에 본래 있는 선한 마음을 버려두는 것은 마치 도끼로 나무를 베어내는 것과 같으니, 매일매일 양심을 잘라 낸다면 그 아름다운 마음이 유지될 수 있을까보냐?

其日夜之所息, 平旦之氣, 其好惡與人相近也者幾希,
기 일 야 지 소 식　평 단 지 기　기 호 오 여 인 상 근 야 자 기 희

인간의 마음도 낮과 밤으로 끊임없이 자라기 때문에 새벽에 날이 밝을 즈음이면 청명한 기운이 감돌아, 선을 좋아하고 악을 싫어하는 본래 모습에 가까운 마음이 적지 않게 일어나기 마련인데,

則其旦晝之所爲, 有梏亡之矣.
즉 기 단 주 지 소 위　유 곡 망 지 의

사람이 대낮에 하는 행위는 그 청명한 기운을 억눌러 사라지게 만든다.

梏之反覆, 則其夜氣不足以存; 夜氣不足以存, 則其違禽獸不遠矣.
곡 지 반 복　즉 기 야 기 부 족 이 존　야 기 부 족 이 존　즉 기 위 금 수 불 원 의

억누름이 반복되면 그 밤의 청명한 기운은 남아 있을 수 없게 되는데, 야기가 남아 있을 수 없게 되면 그 인간은 금수와 다를 바가 없게 된다.

人見其禽獸也, 而以爲未嘗有才焉者, 是豈人之情也哉?
인견기금수야　이이위미상유재언자　시기인지정야재

그 금수 같은 인간을 보고 사람들은
그에게는 원래 선한 자질이 없다고 생각한다.
그러나 어찌 그것이 그의 타고난 본래 모습이겠는가?

故苟得其養, 無物不長; 苟失其養, 無物不消.
고구득기양　무물부장　구실기양　무물불소

그러므로 모든 사물은 올바른 양육의 조건을 갖춰주면
잘 자라지 않는 것이 없지만, 그 조건을 갖추지 못하면
그 본래의 성이 결국 소멸해버리고 마는 것이다.

孔子曰: '操則存, 舍則亡; 出入無時, 莫知其鄕.' 惟心之謂與?"
공자왈　조즉존　사즉망　출입무시　막지기향　유심지위여

공자께서 말씀하셨다.

잘 가꾸고 조심하면 남아있지만,
버려두면 없어지고 만다.
드나듦에 일정한 때가 없으며
그것이 어디로 향할지도 잘 모르겠다.

이것이야말로
인간의 마음을 두고 하신
말씀이 아니겠는가?

孟子曰: "無或乎王之不智也.
맹자 왈   무 혹 호 왕 지 부 지 야

맹자께서 말씀하셨다.

"제선왕의 지혜롭지 못함을 탓할 수가 없다.

雖有天下易生之物也,
수 유 천 하 이 생 지 물 야

천하에 아주 잘 자라는 식물이 있다 해도,

一日暴之, 十日寒之, 未有能生者也.
일 일 폭 지   십 일 한 지   미 유 능 생 자 야

하루만 햇빛을 쬐어주고 열흘 동안 어둡고 차가운 그늘에 있게 하면 잘 자라날 길이 없다.

吾見亦罕矣, 吾退而寒之者至矣,
오 현 역 한 의   오 퇴 이 한 지 자 지 의
吾如有萌焉何哉?
오 여 유 맹 언 하 재

내가 왕을 뵙는 기회 역시 드물고, 내가 물러나면 곧 어둡고 차가운 그림자들이 왕을 에워싸 버리니, 난들 어떻게 그의 양심의 싹을 틔우게 할 수 있단 말인가?

今夫弈之爲數, 小數也;
금 부 혁 지 위 수   소 수 야
不專心致志, 則不得也.
부 전 심 치 지   즉 부 득 야

지금 저 바둑의 수만 해도 작은 놀이의 술수일 뿐이지만, 마음을 집중하고 뜻을 다 바치지 않으면 결코 제대로 배울 수가 없다.

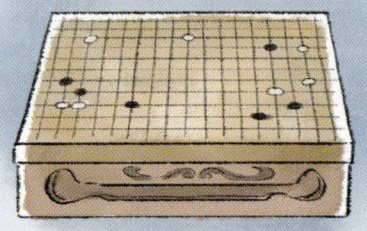

弈秋, 通國之善弈者也.
혁추 통국지선혁자야

혁추는 나라를 통틀어 바둑을 가장 잘 두는 사람이다.

바둑의 명인
혁추

使弈秋誨二人弈, 其一人專心致志,
사혁추회이인혁 기일인전심치지
惟弈秋之爲聽.
유혁추지위청

그런 혁추로 하여금 두 사람에게 바둑을 가르치게 했다고 하자!

한 사람은 전심치지하여 혁추의 가르침을 잘 들었다.

一人雖聽之, 一心以爲有鴻鵠將至, 思援弓繳而射之, 雖與之俱學,
일인수청지 일심이위유홍곡장지 사원궁작이사지 수여지구학
弗若之矣.
불약지의

또 한 사람은 혁추의 가르침을 들으면서도 마음 속으로는 곧 고니가 날아올 것을 예상하여 활시위를 당겨 쏠 생각만 하고 있었으니, 비록 같이 배웠다 한들 바둑공부에 전념한 사람을 따라갈 수는 없는 것이다.

이것은 이 사람의 지혜가 앞 사람만 못하기 때문인가? 나는 말한다. 결코 그렇지 아니 하다."

爲是其智弗若與? 曰: 非然也."
위시기지불약여 왈 비연야

하물며 국가를 다스리고 왕도를 실현하려면 특별한 집중과 수련, 헌신과 의지가 있어야 하지 않겠는가?

孟子曰: "魚, 我所欲也; 熊掌, 亦我所欲也.
맹자왈   어 아소욕야   웅장 역아소욕야

二者不可得兼, 舍魚而取熊掌者也.
이자불가득겸   사어이취웅장자야

물고기는 내가 원하는 것이고,

곰 발바닥 요리 또한 내가 원하는 것이다.

이 두 가지를 동시에 얻을 수 없다면, 나는 물고기를 포기하고 웅장을 취할 것이다.

生, 亦我所欲也; 義, 亦我所欲也. 二者不可得兼, 舍生而取義者也.
생 역아소욕야   의 역아소욕야   이자불가득겸   사생이취의자야

삶도 내가 원하는 것이고, 의 또한 내가 원하는 것이다.
이 두 가지를 동시에 얻을 수 없다면, 나는 삶을 희생해서라도
의를 취할 것이다.

동의단지회
단지동맹

生亦我所欲, 所欲有甚於生者, 故不爲苟得也.
생역아소욕   소욕유심어생자   고불위구득야

삶 또한 내가 소망하는 것이지만,
삶보다 더 간절하게 소망하는 것이 있다면
나는 구차스럽게 살려고 하지 않을 것이다.

죽음 또한 내가 싫어하는 것이지만,
죽음보다 더 극심하게 싫은 것이 있다면
나는 죽음의 환난을 피하려 하지 않을 것이다.

死亦我所惡, 所惡有甚於死者, 故患有所不辟也.
사역아소오   소오유심어사자   고환유소불피야

如使人之所欲莫甚於生, 則凡可以得生者, 何不用也?
여사인지소욕막심어생 즉범가이득생자 하불용야

만약 인간이 사는 것보다 더 간절히
소망하는 것이 없다면, 무릇 살기 위해
못할 짓이 없지 않겠는가?

대한의군참모중장
안중근

만약 인간이 죽음보다 더 극심하게
싫어하는 것이 없다면, 무릇 죽음의 환난을
피하기 위해 못할 짓이 없지 않겠는가?

使人之所惡莫甚於死者, 則凡可以辟患者, 何不爲也?
사인지소오막심어사자 즉범가이피환자 하불위야

由是則生而有不用也, 由是則可以辟患而有不爲也.
유시즉생이유불용야 유시즉가이피환이유불위야

그러나 인간은 이렇게 하면 살 수 있는데도 그렇게 하지 않을 경우가 있고,
이렇게 하면 환난을 피할 수 있는데도 그렇게 하지 않을 경우가 있다.

是故所欲有甚於生者, 所惡有甚於死者,
시고소욕유심어생자 소오유심어사자

그러므로 소망하는 바가 삶보다 더 강렬하고,
혐오하는 바가 죽음보다 더 강렬할 수 있는 것이다.

이런 마음을 현자만이 가지고 있는 것은 아니다.
인간이라면 누구나 그런 마음을 가지고 있는데,
단지 현자는 그 마음을 간직하여 잃지 않을 뿐이다.

非獨賢者有是心也, 人皆有之, 賢者能勿喪耳.
비독현자유시심야 인개유지 현자능물상이

一簞食, 一豆羹, 得之則生, 弗得則死, 嘑爾而與之, 行道之人弗受;
일단사　일두갱　득지즉생　불득즉사　호이이여지　행도지인불수

蹴爾而與之, 乞人不屑也.
축이이여지　걸인불설야

한 그릇의 밥과
한 사발의 국을 얻으면 살고
얻지 못하면 죽는 상황에서도
함부로 던져주면

길 가던 배고픈 사람도
받지 않으며, 발로 걷어차듯 주면
거지도 달갑게 여기지 않는다.

萬鍾則不辨禮義而受之.
만종즉불변예의이수지

이러한 인간도 일만 종의
녹봉은 예의를 따지지 않고
덥석 받는 성향이 있는데,

한일 위안부 문제 10억엔 합의

萬鍾於我何加焉? 爲宮室之美、妻妾之奉、
만종어아하가언　위궁실지미　처첩지봉

도대체 일만 종이 나에게 무엇을 보태주겠는가?
내가 사는 집을 으리으리하게 꾸미기 위해서인가?
처첩이 날 잘 받들어 모시게 하기 위해서인가?

안 받는다!

한일 일본군 '위안부' 합의 무효

所識窮乏者得我與?
소　식　궁　핍　자　득　아　여

내가 아는 궁핍한 사람들에게 은혜를 베풀어
그들이 나에게 감격하도록 만들기 위해서인가?

鄕爲身死而不受, 今爲宮室之美爲之; 鄕爲身死而不受, 今爲妻妾之奉爲之;
향 위 신 사 이 불 수   금 위 궁 실 지 미 위 지   향 위 신 사 이 불 수   금 위 처 첩 지 봉 위 지

아까는 (예의에 어긋나면) 굶어죽어도 받지 않겠다더니 지금은 집을 꾸미기 위해서 받고,
아까는 굶어죽어도 받지 않겠다더니 지금은 처첩이 자기를 떠받들게 하기 위해서 받고,

아까는 굶어죽어도 받지 않겠다더니 지금은 내가 아는
궁핍한 사람들이 내 은혜에 감격하도록 하기 위해서 받는다!

鄕爲身死而不受, 今爲所識窮乏者得我而爲之,
향 위 신 사 이 불 수   금 위 소 식 궁 핍 자 득 아 이 위 지

是亦不可以已乎? 此之謂失其本心."
시 역 불 가 이 이 호   차 지 위 실 기 본 심

과연 이것이 그렇게
불가피한 상황이었단
말인가?

나는 이를 일컬어
'그 본래의 마음을
잃었다'고 말한다.

고자-상·하

고자상 - 11

孟子曰: "仁, 人心也; 義, 人路也.
맹자왈   인 인심야   의 인로야

맹자께서 말씀하셨다.

"인이란 사람의 마음이요,
의란 사람의 길이다.

舍其路而弗由, 放其心而不知求, 哀哉!
사 기 로 이 불 유   방 기 심 이 부 지 구   애 재

그 길을 버려두고 그곳으로 걸어갈 생각을 하지 않으며,
그 마음을 놓아버리고 다시 구할 생각을 하지 않으니,
이 얼마나 슬픈 일인가!

人有雞犬放, 則知求之; 有放心, 而不知求.
인 유 계 견 방   즉 지 구 지   유 방 심   이 부 지 구

사람들이 기르던 닭이나 개가 없어지면 부지런히 그것을 찾아다니면서,
자신의 마음이 사라지면 그것을 되찾아오려고 노력하지 않는다.

學問之道無他, 求其放心而已矣."
학 문 지 도 무 타   구 기 방 심 이 이 의

학문(배우고 묻는 것)의 길이란 다른 게 아니다.
그 놓아버린 마음을 되찾아오는 것일 뿐이다."

고자 상 - 12

孟子曰: "今有無名之指, 屈而不信, 非疾痛害事也.
맹자왈　금유무명지지　굴이불신　비질통해사야

맹자께서 말씀하셨다.

"지금 여기 한 사람이 있다고 하자.
그 사람의 **넷째 손가락**이 구부러져서 펴지질 않는데,
별로 아프지도 않고 생활에 큰 불편도 없다.

如有能信之者, 則不遠秦楚之路,
여유능신지자　즉불원진초지로
爲指之不若人也.
위지지불약인야

만약 그 손가락을 잘 펴주는 의원이
있다고 하면 진나라나 초나라로 가는
먼 길도 마다 않고 달려가는데,
그 이유는 단지 내 손가락이 남들과
같지 않기 때문이다.

指不若人, 則知惡之; 心不若人,
지불약인　즉지오지　심불약인
則不知惡. 此之謂不知類也."
즉부지오　차지위부지류야

내 손가락이 남과 같지 않으면 혐오스러워 하면서,
자기 마음이 남과 같지 않게 부도덕한 것은
혐오스러워할 줄 모른다.
이것을 나는 사람이 '경중을 가릴 줄 모른다'고
한다.

고자상 - 13

孟子曰: "拱把之桐梓, 人苟欲生之, 皆知所以養之者.
맹자왈   공파지동재 인구욕생지   개지소이양지자

두 손이나 한 손 안에 들어오는 오동나무와 가래나무의 묘목을 사람이 키우고 싶어 한다면

그것을 어떻게 기를지는 누구나 다 안다.

至於身, 而不知所以養之者, 豈愛身不若桐梓哉? 弗思甚也."
지어신   이부지소이양지자   기애신불약동재재   불사심야

그러나 자기 몸에 관해서는 그것을 어떻게 길러야 할지 잘 모르는데,

이것이 어찌 자기 몸을 아끼는 것이 오동나무나 가래나무를 아끼는 것만 못해서일까보냐?

단지 사람의 생각이 못 미치는 것이 참으로 심각하구나!

孟子曰: "人之於身也, 兼所愛.
맹자왈 인지어신야 겸소애

兼所愛, 則兼所養也. 無尺寸之膚不愛焉, 則無尺寸之膚不養也.
겸소애 즉겸소양야 무척촌지부불애언 즉무척촌지부불양야

사람은 자기 몸을 대하는데 있어, 어느 부분이나 다 아낀다.
아끼지 않는 곳이 없기 때문에 잘 기르지 않는 곳이 없다.

한 척, 한 촌의 피부라도 아끼지 않는 곳이 없기 때문에,
한 척, 한 촌의 피부라도 잘 기르지 않는 바가 없다.

> 우리가 한 인간이 선한가,
> 불선한가를 알아보려면,
> 무슨 별다른 방법이 있겠는가?
>
> 그 사람이 자신의
> 어느 부분을 기르는가를
> 살펴 볼 뿐이다.

所以考其善不善者, 豈有他哉? 於己取之而已矣.
소이고기선불선자 기유타재 어기취지이이의

體有貴賤, 有小大. 無以小害大, 無以賤害貴.
체유귀천 유소대 무이소해대 무이천해귀

인간의 몸에는 귀한 부분과 천한 부분이 있고, 작은 부분과 큰 부분이 있다.
작은 것을 가지고 큰 것을 해쳐서는 아니 되고, 천한 것을 가지고 귀한 것을
해쳐서는 아니 된다.

養其小者爲小人, 養其大者爲大人.
양기소자위소인 양기대자위대인

작은 것에 집착하여 그것을 기르는 자는 소인이 되고, 큰 것을 잘 기르는 자는 대인이 되기 마련이다.

今有場師, 舍其梧檟, 養其樲棘,
금유장사 사기오가 양기이극
則爲賤場師焉.
즉위천장사언

지금 여기 한 정원사가 있다고 하자! 그가 오동나무나 가래나무를 파버리고 멧대추나무나 가시나무를 기른다면, 우리는 그를 **천한** 정원사라고 말할 것이다.

養其一指而失其肩背, 而不知也,
양기일지이실기견배   이부지야
則爲狼疾人也.
즉위랑질인야

한 손가락을 치료하는 데만 전념하여 어깨와 등짝 전부가 썩는 것을 모른다면, 그 자는 곧 돌팔이 의사일 수밖에 없다.

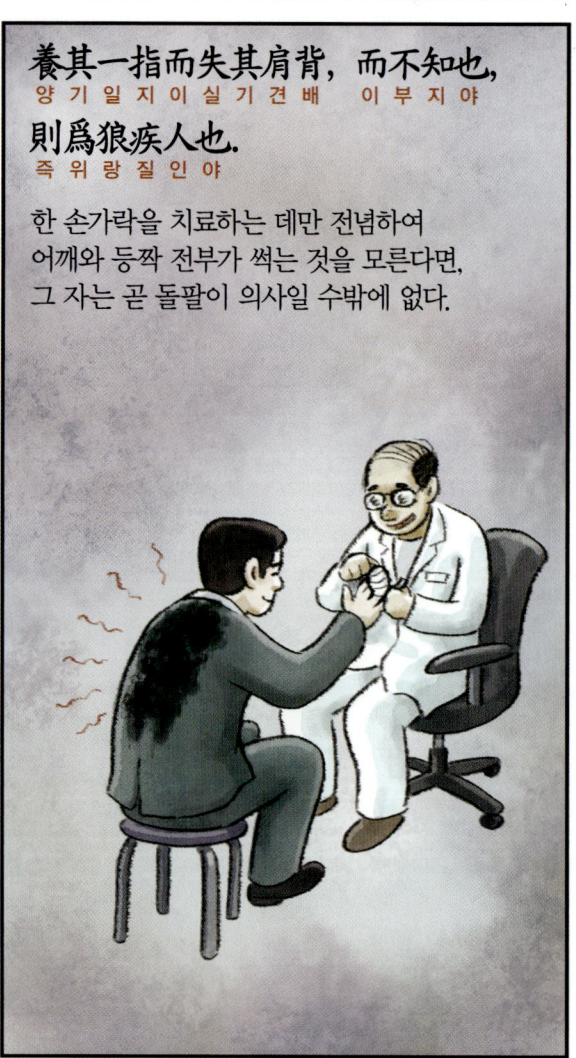

飮食之人, 則人賤之矣, 爲其養小以失大也.
음식지인　즉인천지의　위기양소이실대야

무엇이든지 처먹는 데만 마음이 빼앗겨 있는 인간을 우리는 천하게 여긴다.
작은 것을 기르느라고 큰 것을 잃어버리기 때문이다.

飮食之人無有失也, 則口腹豈適爲尺寸之膚哉?"
음식지인무유실야　즉구복기적위척촌지부재

그러나 먹고 마시는 데 마음이 빼앗겨 있는 인간이라 해도
큰 것을 기르는 데 소홀하지 않는다면, 그의 **입과 배**의 쾌락이
어찌 한 척, 한 촌의 피부만을 위한 것이겠는가?"

돈 벌어 좋은 일 하라

잘 먹고 대의를 위해 써라

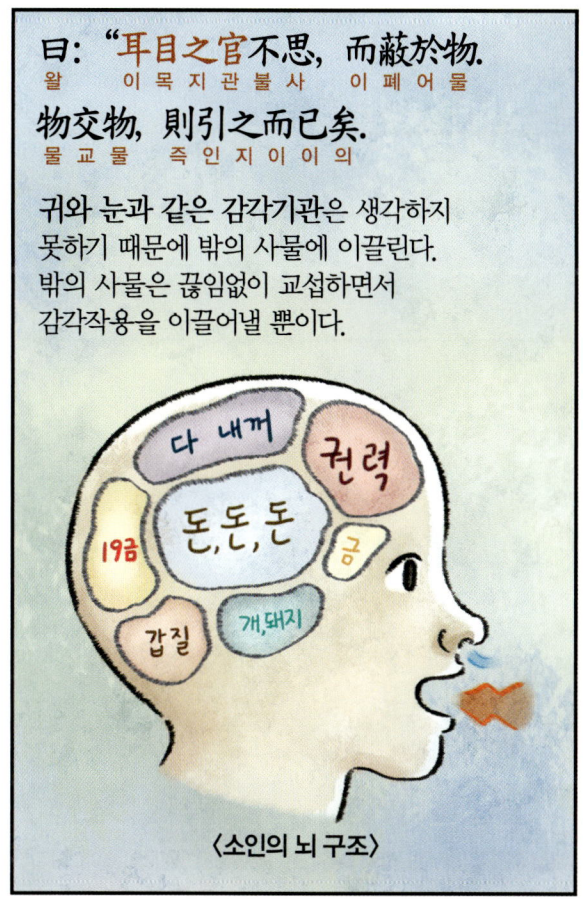

曰: "耳目之官不思, 而蔽於物.
왈   이목지관불사   이폐어물
物交物, 則引之而已矣.
물교물   즉인지이이의

귀와 눈과 같은 감각기관은 생각하지 못하기 때문에 밖의 사물에 이끌린다. 밖의 사물은 끊임없이 교섭하면서 감각작용을 이끌어낼 뿐이다.

〈소인의 뇌 구조〉

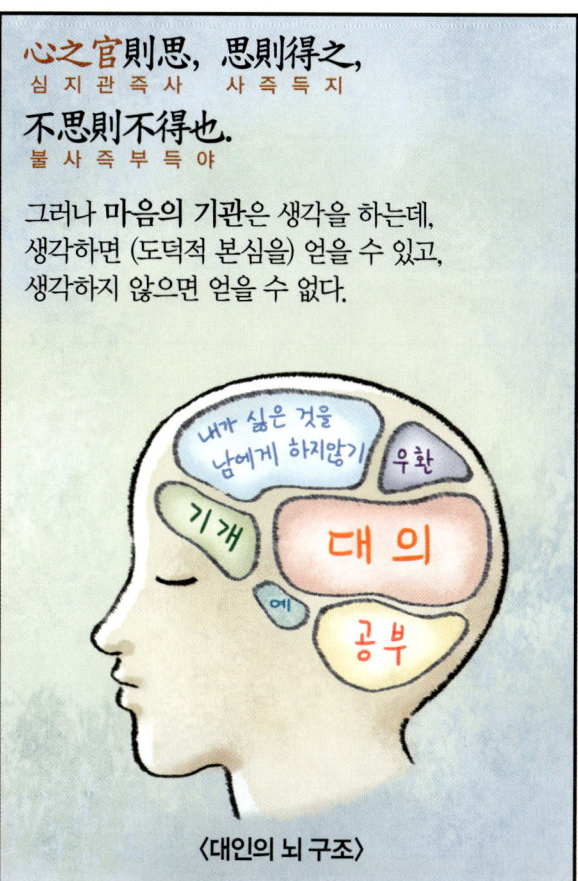

心之官則思, 思則得之,
심지관즉사   사즉득지
不思則不得也.
불사즉부득야

그러나 마음의 기관은 생각을 하는데, 생각하면 (도덕적 본심을) 얻을 수 있고, 생각하지 않으면 얻을 수 없다.

〈대인의 뇌 구조〉

此天之所與我者. 先立乎其大者, 則其小者弗能奪也.
차천지소여아자   선립호기대자   즉기소자불능탈야
此爲大人而已矣."
차위대인이이의

이 두 기관은 하늘이 나에게 준 것이다. 그러므로 그 큰 것을 먼저 확립해 놓으면 그 작은 것들이 큰 것을 망치지 못한다. 이렇게 하면 대인이 되는 것이다."

걸을 때는 머리카락이 하늘에 매달린 듯

똑바로 11자로 걷고

몸가짐은 항상 거대하고 당당하게,

가슴에는 대의와 기개를 품으시오!

孟子曰: "有天爵者, 有人爵者.
맹자왈 유천작자 유인작자

맹자께서 말씀하셨다.

"이 세상에는 하늘이 주는 벼슬이 있는가 하면, 임금이 주는 벼슬이 있다.

仁義忠信, 樂善不倦, 此天爵也.
인의충신 낙선불권 차천작야

인·의·충·신의 덕성을 갖추고 선을 즐거워함에 게으르지 않는다면, 이것은 **천작**이라 할 수 있다.

공과 경, 대부는 모두 **인작**이다.
옛 사람들은 그 천작을 닦는 데만 전념하였고,
그러다 보면 자연히 인작이 뒤따라왔다.

公卿大夫, 此人爵也. 古之人修其天爵, 而人爵從之.
공경대부 차인작야 고지인수기천작 이인작종지

今之人修其天爵, 以要人爵;
금지인수기천작 이요인작

그런데 요즈음 사람들은 천작을 닦는 것이
인작을 요구하기 위한 목적성을 갖고 있고,

인작을 얻고 나서는 대부분 천작을 버리니,
참으로 그 미혹됨이 심하다고 할 것이다.

이렇게 살다보면 결국 어렵게 얻은 인작도
종내 잃어버리고 패가망신하게 되는 것이다."

旣得人爵, 而棄其天爵, 則惑之甚者也, 終亦必亡而已矣."
기득인작 이기기천작 즉혹지심자야 종역필망이이의

孟子曰: "欲貴者, 人之同心也.
맹자왈   욕귀자   인지동심야

人人有貴於己者, 弗思耳.
인인유귀어기자 불사이

고귀한 지위를 원하는 것은 인간이라면 모두 같은 마음이다.

그러나 사람마다 고귀함을 자기 안에 가지고 있는데도, 그것을 생각하지 못하고 있다.

人之所貴者, 非良貴也.
인지소귀자   비양귀야

보통 사람들이 귀하게 여기는 것은 인간이 **타고난 고귀함**이 아니다.

趙孟之所貴, 趙孟能賤之.
조맹지소귀   조맹능천지

조맹이 준 높은 지위는 언제든지 조맹이 다시 천하게 만들 수 있다.

詩云:'旣醉以酒, 旣飽以德.'
시운   기취이주   기포이덕

『시』에 이런 노래가사가 있다.

'사람이 술에 취할 수도 있는가 하면 덕으로 배가 부를 수도 있도다.'

言飽乎仁義也, 所以不願人之膏粱之味也; 令聞廣譽施於身,
언포호인의야   소이불원인지고량지미야   령문광예시어신

所以不願人之文繡也."
소이불원인지문수야

이 말은 인의를 잘 닦아 그러한 덕성으로 포만감이 생기면 다른 사람의 **고량진미**가 부럽지 않게 되며,

아름다운 평판과 널리 알려진 명예가 내 몸에 가득하면 남의 화려한 의상이 부럽지 않게 된다는 뜻이다."

사람이 준 것은 사람이 다시 빼앗아 갈 수 있다!

고자 하 - 2

曹交問曰: "人皆可以爲堯、舜, 有諸?" 孟子曰: "然."
조 교 문 왈   인 개 가 이 위 요   순 유 저   맹 자 왈   연

사람이라면 누구든지 요·순이 될 수 있다고 말씀하셨다던데,

그게 정말입니까?

조나라 군주의 동생 조교

그렇소이다.

"交聞文王十尺, 湯九尺, 今交九尺四寸以長, 食粟而已, 如何則可?"
 교 문 문 왕 십 척   탕 구 척   금 교 구 척 사 촌 이 장   식 속 이 이   여 하 즉 가

저 교가 듣기에 문왕은 키가 10척이었고 탕임금도 9척이었다는데

저도 키가 9척 4촌으로 허우대는 큽니다만 밥만 축내고 있으니,

어떻게 하면 사람구실을 할 수 있을까요?

2m 문   180cm 탕

曰: "奚有於是? 亦爲之而已矣.
왈   해 유 어 시   역 위 지 이 이 의

요·순이 되는 것과 키가 무슨 상관이 있겠습니까?

요·순이 되고 싶으면 그러한 의지를 실천하기만 하면 되지요.

有人於此, 力不能勝一匹雛, 則爲無力人矣; 今日擧百鈞, 則爲有力人矣.
유인어차 역불능승일필추 즉위무력인의 금일거백균 즉위유력인의

지금 여기 한 사람이 있어서, 그가 한 마리의 병아리도 들 힘이 없다면
힘이 없는 사람이라고 하겠지만, 이제 정신을 차리고 **백균**의 무게를 든다면
그는 대단히 **힘이 센 사람**이라고 할 것입니다.

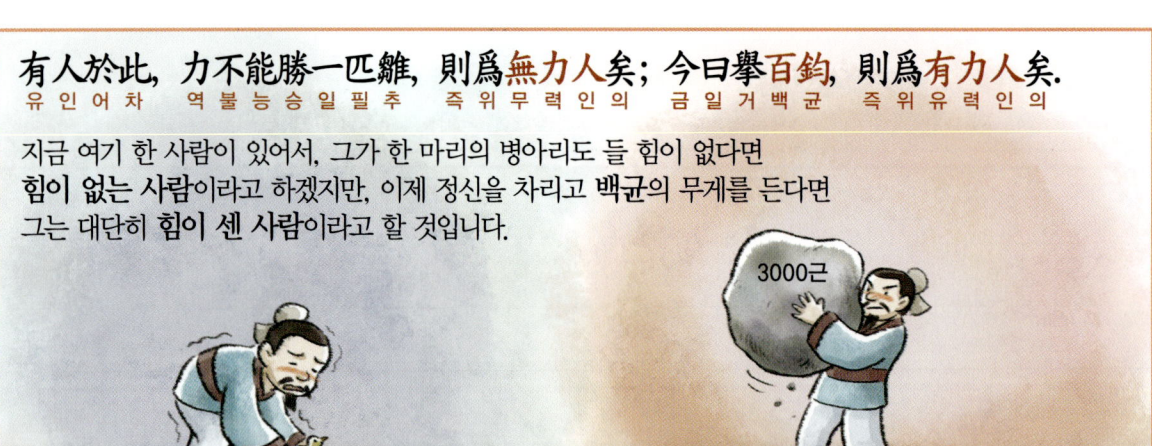

然則擧烏獲之任, 是亦爲烏獲而已矣.
연즉거오확지임 시역위오확이이의

그러한즉, 누구라도
오확이 든 짐을 들면
그가 곧 오확이 될 뿐이지요.

夫人豈以不勝爲患哉?
부인기이불승위환재

弗爲耳.
불위이

대저 사람이 어찌하여
요·순이 되지 못할 것을
걱정한단 말입니까?

되려고 노력하지
않는 것이 문제일 뿐!

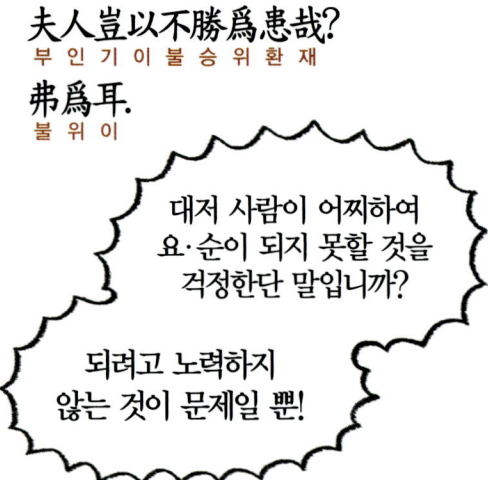

徐行後長者謂之弟,
서행후장자위지제

疾行先長者謂之不弟.
질행선장자위지부제

천천히 걸으면서 어른 뒤를 따라가면
사람들이 그를 공손하다고 말하고,
어른을 앞질러 가면 그를
불손하다고 말합니다.

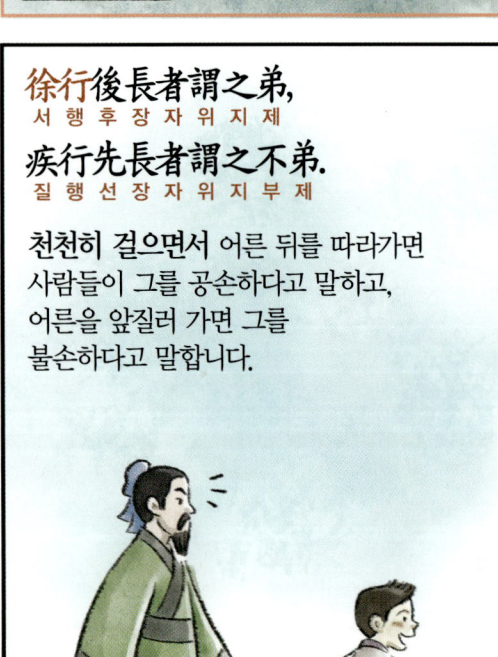

夫徐行者, 豈人所不能哉? 所不爲也.
부서행자 기인소불능재 소불위야

堯﹅舜之道, 孝弟而已矣.
요 순지도 효제이이의

어찌 서행하는 것을 인간이 할 수 없겠습니까?
단지 하지 않을 뿐이지요.
요·순의 도는 **효도와 공경**일 뿐입니다.

子服堯之服, 誦堯之言, 行堯之行, 是堯而已矣; 子服桀之服, 誦桀之言,
자복요지복　송요지언　행요지행　시요이이의　자복걸지복　송걸지언

行桀之行, 是桀而已矣."
행걸지행　시걸이이의

그대가 요의 옷을 입고, 요의 말을 말하고,
요의 행동을 하면 곧 요가 되는 것이요,

그대가 걸의 옷을 입고, 걸의 말을 말하고,
걸의 행동을 하면 곧 걸이 되는 것입니다.

曰: "交得見於鄒君, 可以假館, 願留而受業於門."
왈　교득현어추군　가이가관　원류이수업어문

저 교가 추나라 군주를 알현하면 관사를 빌릴 수 있을 것 같으니,

추나라에 머물면서 선생님 문하에서 가르침을 받고 싶습니다.

曰: "夫道若大路然, 豈難知哉? 人病不求耳. 子歸而求之, 有餘師."
왈　부도약대로연　기난지재　인병불구이　자귀이구지　유여사

무릇 도는 큰 길과 같으니, 어찌 모를 것이 있겠습니까?

사람들에게 진리를 구하는 마음이 없다는 것이 병일 따름이지요.

그대의 나라로 돌아가서 구해보십시오! 많은 스승들이 그대를 기다리고 있을 것이오.

是三軍之士樂罷而悅於利也.
시 삼 군 지 사 락 파 이 열 어 리 야

이렇게 되면 삼군의 병사들도 단지 휴전된 것만을 기뻐하면서 오로지 이익만을 탐하게 될 것입니다.

爲人臣者懷利以事其君, 爲人子者懷利以事其父,
위 인 신 자 회 리 이 사 기 군   위 인 자 자 회 리 이 사 기 부
爲人弟者懷利以事其兄,
위 인 제 자 회 리 이 사 기 형

신하 된 자가 이익만을 탐하여 임금을 섬기고,
자식 된 자가 이익만을 탐하여 아버지를 섬기고,
동생 된 자가 이익만을 탐하여 형님을 섬긴다면,

을사오적
학부대신 이완용
군부대신 이근택
내부대신 이지용
농상대신 권중현
외부대신 박제순

군신·부자·형제가 모두 인의를 버리고
이익이라는 측면에서만 서로 맞부딪치게 될 터이니,
이렇게 되고서도 멸망하지 않은 나라는 있어본 적이 없습니다.

是君臣、父子、兄弟終去仁義, 懷利以相接, 然而不亡者, 未之有也.
시 군 신   부 자   형 제 종 거 인 의   회 리 이 상 접   연 이 불 망 자   미 지 유 야

174 도올만화맹자·2

先生以仁義說秦、楚之王, 秦、楚之王悅於仁義, 而罷三軍之師,
선생이인의세진 초지왕 진 초지왕열어인의 이파삼군지사

是三軍之士樂罷而悅於仁義也.
시삼군지사락파이열어인의야

선생께서 인의로써 진왕과 초왕을 설득하신다면,
진왕과 초왕은 인의를 기쁘게 받아들여
삼군을 일으키는 것을 중단할 것이니,

이렇게 되면 삼군의 병사들도
휴전된 것을 진심으로 즐거워하며
인의를 실천하는 데 기꺼이 앞장서게 될 것입니다.

爲人臣者懷仁義以事其君, 爲人子者懷仁義以事其父, 爲人弟者懷仁義以事其兄,
위인신자회인의이사기군 위인자자회인의이사기부 위인제자회인의이사기형

신하 된 자가
인의를 가슴에 품고
임금을 섬기며,

자식 된 자가
인의를 품고 아버지를 섬기며,
동생 된 자가 인의를 품고
친형님을 섬긴다면,

是君臣、父子、兄弟去利, 懷仁義以相接也,
시군신 부자 형제거리 회인의이상접야

然而不王者, 未之有也. 何必曰利?"
연이불왕자 미지유야 하필왈리

이것은 군신·부자·형제가 모두
이익을 탐하는 마음을 버리고
오직 인의를 가슴에 품고
서로를 아껴주는 것이니,

이렇게 되고서도 천하에
왕노릇하지 않은 자는
있어본 적이 없습니다.

어찌하여 하필
이利를 말하십니까?

孟子曰: "五霸者, 三王之罪人也;
맹자왈 오패자 삼왕지죄인야

今之諸侯, 五霸之罪人也; 今之大夫, 今之諸侯之罪人也.
금지제후 오패지죄인야 금지대부 금지제후지죄인야

天子適諸侯曰巡狩, 諸侯朝於天子曰述職.
천자적제후왈순수 제후조어천자왈술직

천자가 제후의 땅을 둘러보는 것을 순수라 하고, 천자가 당도했을 때 그곳 제후가 천자에게 보고하는 것을 술직이라고 한다.

春省耕而補不足, 秋省斂而助不給.
춘성경이보부족 추성렴이조불급

천자가 순수하는 이유는 봄에는 밭가는 일을 살펴 부족한 것을 보태주고, 가을에는 수확의 상태를 살펴 넉넉지 못한 것을 도와주기 위함이다.

入其疆, 土地辟, 田野治, 養老尊賢, 俊傑在位, 則有慶, 慶以地.
입기강 토지벽 전야치 양로존현 준걸재위 즉유경 경이지

천자가 한 제후의 영토에 들어가서 토지가 잘 개간되어 있고,
논밭이 잘 경작되고 있으며, 노인을 봉양하고 현자를 존중하고
걸출한 인재들이 관직에 있으면 반드시 상을 내리는데,
그 상은 토지로 준다.

한 제후의 영토에 들어가서 토지가 내팽개쳐져 있고,
노인을 돌보지 않고, 현자는 사라지고 수탈을 일삼는
사악한 자들이 관직에 있으면 반드시 잘못을 꾸짖는다.

入其疆, 土地荒蕪, 遺老失賢, 掊克在位, 則有讓.
입기강 토지황무 유로실현 부극재위 즉유양

一不朝, 則貶其爵; 再不朝, 則削其地; 三不朝, 則六師移之.
일부조 즉폄기작 재부조 즉삭기지 삼부조 즉육사이지

제후의 보고 내용이 도에 합당치 않으면 처음에는 그 작위를 강등시키고,
두 번째는 그 토지를 삭감하며, 세 번째는 천자의 군대를 이동시켜 제후를 추방시킨다.

是故天子討而不伐,
시고천자토이불벌

그러므로 천자는 **토벌**은 할 수 있지만
정벌은 하지 않는다.

諸侯伐而不討.
제후벌이불토

제후는 **정벌**은 할 수 있어도
토벌은 할 수 없는 것이다.

五霸者, 摟諸侯以伐諸侯者也, 故曰: 五霸者, 三王之罪人也.
오패자 루제후이벌제후자야 고왈 오패자 삼왕지죄인야

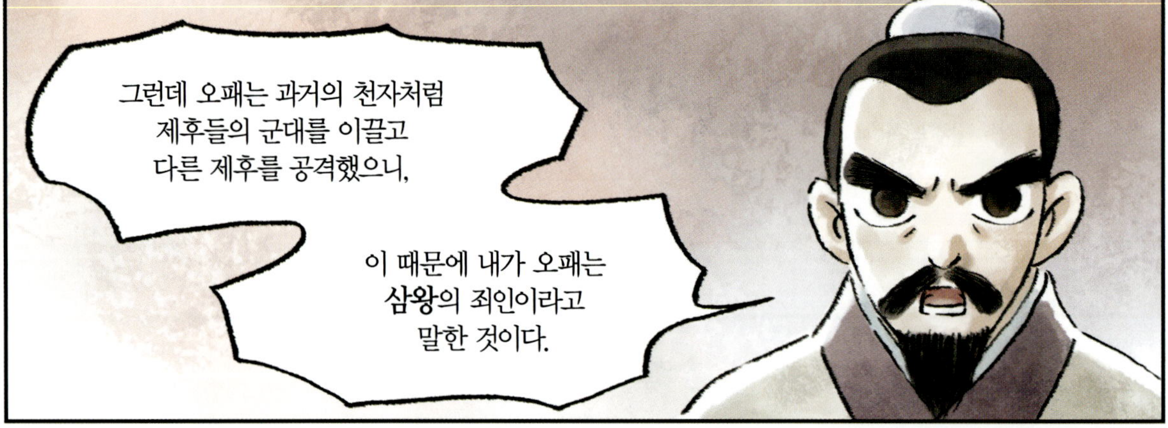

그런데 오패는 과거의 천자처럼 제후들의 군대를 이끌고 다른 제후를 공격했으니,

이 때문에 내가 오패는 삼왕의 죄인이라고 말한 것이다.

五霸, 桓公爲盛. 葵丘之會, 諸侯束牲載書而不歃血.
오패 환공위성 규구지회 제후속생재서이불삽혈

오패는 제나라 환공의 업적에 이르러 그 절정에 달했다.

환공은 당대의 제후들을 불러 모아 **규구 땅**에서 **회맹**(국제회의)을 했는데, 여기서 제후들은 희생을 묶어 두고 맹약의 문장을 그 위에 올려 놓았고 **희생의 피를 내어 군주들의 입가에 칠하는 예식은 하지 않았다.**

BC 651년, 송나라 땅 규구

천자 아래 모두가 동등한 입장에서 우리가 결의한 내용은 다음과 같다.

맹약 제1조 :
불효한 자를 죽이고
한번 세운 태자는 바꾸지 말고,
첩을 본처로 삼지 말라.

국제 분쟁·내정간섭의 원인이 된다

初命曰: 誅不孝, 無易樹子, 無以妾爲妻.
초 명 왈　주 불 효　무 역 수 자　무 이 첩 위 처

再命曰: 尊賢育才, 以彰有德.
재 명 왈　존 현 육 재　이 창 유 덕

맹약 제2조:
현자를 존중하고 영재를 육성하며
덕이 있는 자를 표창하라.

맹약 제3조:
노인을 공경하고 어린이를 어질게
대하고 손님이나 여행객을
소홀히 대하지 말라.

三命曰: 敬老慈幼, 無忘賓旅.
삼 명 왈　경 로 자 유　무 망 빈 려

四命曰: 士無世官, 官事無攝, 取士必得, 無專殺大夫.
사 명 왈　사 무 세 관　관 사 무 섭　취 사 필 득　무 전 살 대 부

맹약 제4조:
사는 관직을 세습하지 못하고 다른 관직을 겸하지 못한다.
사는 청렴하고 뛰어난 인재를 얻고,
사사로운 감정으로 대부를 죽이지 말라.

五命曰: 無曲防, 無遏糴, 無有封而不告.
오 명 왈　무 곡 방　무 알 적　무 유 봉 이 불 고

맹약 제5조:
한 나라에서 너무 많이 제방을 쌓아서 다른 나라에
피해를 주어서는 아니 된다.
흉작이 든 나라가 곡식을 사들이는 것을 막지 말라.
신하에게 땅을 분봉하고 그것을 맹주에게 보고하지
않는 일이 있어서는 아니 된다.

曰, 凡我同盟之人, 旣盟之後, 言歸于好.
왈 범아동맹지인 기맹지후 언귀우호

그리고 회맹에 참가한 사람들은 입을 모아 약속했다.

오늘 이 자리에서 동맹한 우리들은 맹약이 성립한 이상 서로 사이좋게 지낼지어다!

今之諸侯, 皆犯此五禁, 故曰: 今之諸侯, 五霸之罪人也.
금지제후 개범차오금 고왈 금지제후 오패지죄인야

지금의 제후들은 이 다섯 가지 맹약을 지키지 않으니, 그래서 내가 지금의 제후들이 오패의 죄인이라고 한 것이다.

군주의 나쁜 행동을 돕는 죄는 크다고 할 수 없지만,

군주의 나쁜 행동에 논리를 제공하여 거리낌없이 하도록 확대시키는 것은 큰 죄다.

지금의 대부들은 모두 군주에게 영합하여 나쁜 행동을 부추기고 있으니,

그래서 내가 지금의 대부는 지금 제후의 죄인이라고 말한 것이다.

長君之惡其罪小, 逢君之惡其罪大.
장군지악기죄소 봉군지악기죄대

今之大夫皆逢君之惡, 故曰: 今之大夫, 今之諸侯之罪人也."
금지대부개봉군지악 고왈 금지대부 금지제후지죄인야

孟子曰: "舜發於畎畝之中, 傅說擧於版築之間,
맹자왈 　　　순발어견묘지중　　　부열거어판축지간

맹자께서 말씀하셨다.

"순은 논밭에서 농사를 짓다가 천자의 지위에까지 올랐고,

순임금

부열은 성벽공사현장의 인부에서 곧바로 재상으로 등용되었다.

은나라 왕 무정의 신하 **부열**

판축

膠鬲擧於魚鹽之中,
교격거어어염지중

교격은 생선과 소금 사이에서 발탁되었고

은나라 왕 주의 신하 교격

管夷吾擧於士,
관이오거어사

관이오(관중)는 감옥 형리의 손에 매달려 있다가 재상으로 천거되었고

제환공의 패업을 도운 관중

孫叔敖擧於海,
손 숙 오 거 어 해

손숙오는 해변가의 비천한 사람이었는데
발탁되어 영윤이 되었고

초장왕의
패업을 도운
손숙오

百里奚擧於市.
백 리 해 거 어 시

백리해는 시장에서 천한 일을 하다가
발탁되어 패업을 이루었다.

진목공의
패업을 도운
백리해

故天將降大任於是人也, 必先苦其心志, 勞其筋骨, 餓其體膚, 空乏其身,
고 천 장 강 대 임 어 시 인 야　 필 선 고 기 심 지　 노 기 근 골　 아 기 체 부　 공 핍 기 신

行拂亂其所爲, 所以動心忍性, 曾益其所不能.
행 불 란 기 소 위　 소 이 동 심 인 성　 증 익 기 소 불 능

그러므로 하늘이 이 사람들에게
큰 역사의 임무를 맡기려고 할 때에는

반드시 먼저 그 마음과 뜻에 고통을 주고
그 근육과 뼈대를 수고롭게 하며
그 배를 주리게 하고
그 몸을 피로하게 하고
이루고자 하는 것을 좌절케 하였으니,

이 모든 고난이 인간의 마음을 움직이고
인내심을 길러주어, 그가 해내지 못했던 일들을
할 수 있도록 그 능력을 더해주려 함이다.

人恒過, 然後能改; 困於心, 衡於慮, 而後作; 徵於色, 發於聲, 而後喩.
인 항 과　연 후 능 개　곤 방 심　형 어 려　이 후 작　징 어 색　발 어 성　이 후 유

인간이란 본시 잘못을 저지른 연후에야 비로소 고칠 줄을 알며,
마음이 괴롭고 생각에 통나무가 가로지르는 듯한 절망감이 찾아올 때 비로소 분발하며,
번민과 고통이 얼굴 표정과 목소리에 나타날 때 비로소 깨닫는다!

入則無法家拂士, 出則無敵國外患者, 國恒亡.
입 즉 무 법 가 불 사　출 즉 무 적 국 외 환 자　국 항 망
然後知生於憂患而死於安樂也."
연 후 지 생 어 우 환 이 사 어 안 락 야

안으로는 법도 있는 가문과 강직하게 보필하는 현자가 없고
밖으로도 적국과 외환을 불러일으키는 위협이 없어 보인다면,
그런 무사안일에 빠져든 나라는 항상 멸망의 길을 걷는다.

개인이든 국가든, 이러한 교훈을 얻은 연후에나 비로소
우환에 살고 안락에서 죽는다는 것을 알게 된다."

맹자의 몸철학 I

「고자」편은 고자와 맹자의 성性에 대한 논쟁으로 시작되고 있습니다.

제나라 직하학궁의 대학자였던 고자와 맹자의 논쟁 전체를

고자
이름: 고불해

이 책에 다 싣지는 못했지만

고-맹 논쟁

고자상-1 / 고자상-2 / 고자상-3 / 고자상-4

이 4개의 장은 주로 맹자 중심으로 간추려졌기 때문에

고선생이 말한 뒤 맹선생께서 반박하신 상태에서 글을 끝내면,

논쟁의 수준이 떨어진다는 한계를 가지고도

무조건 맹선생님이 이긴 게 됨~!

← 『맹자』편집자

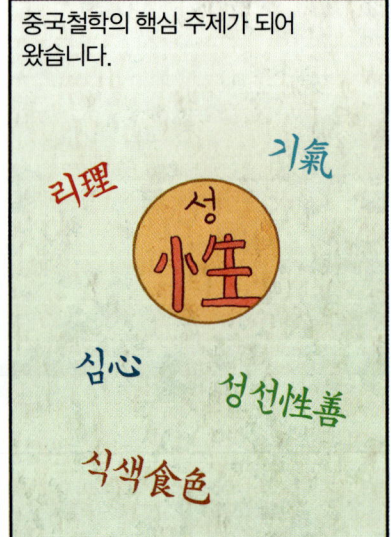

중국철학의 핵심 주제가 되어 왔습니다.

리理   기氣
성性
심心   성선性善
식색食色

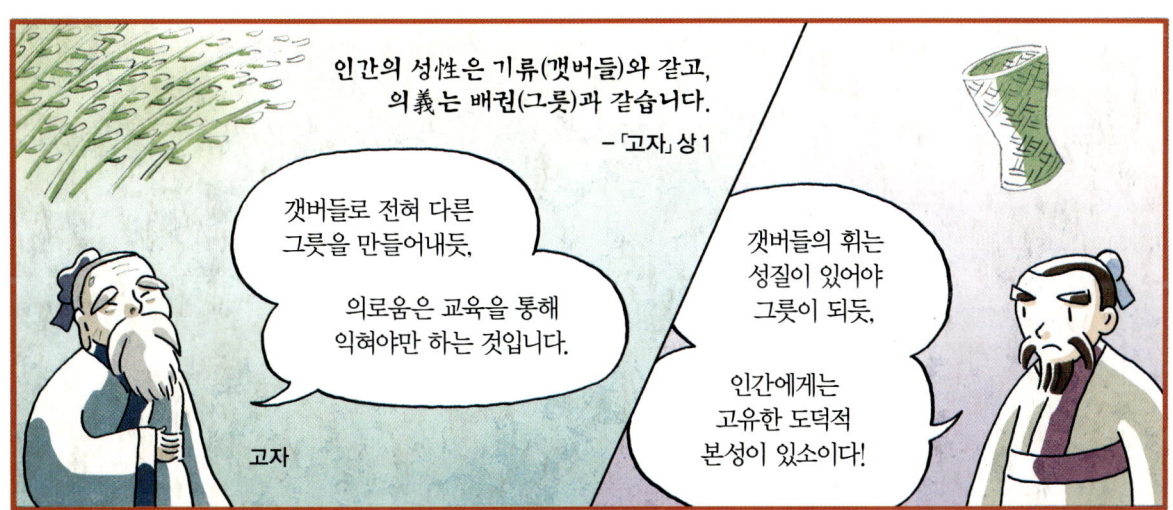

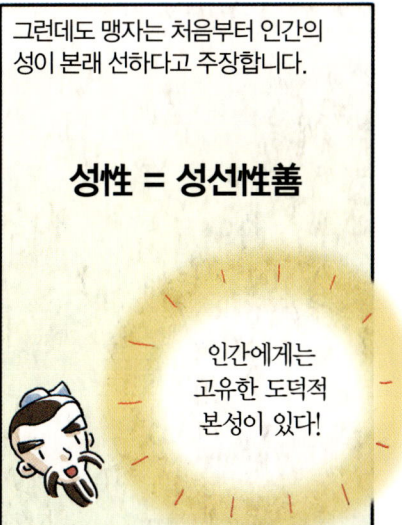

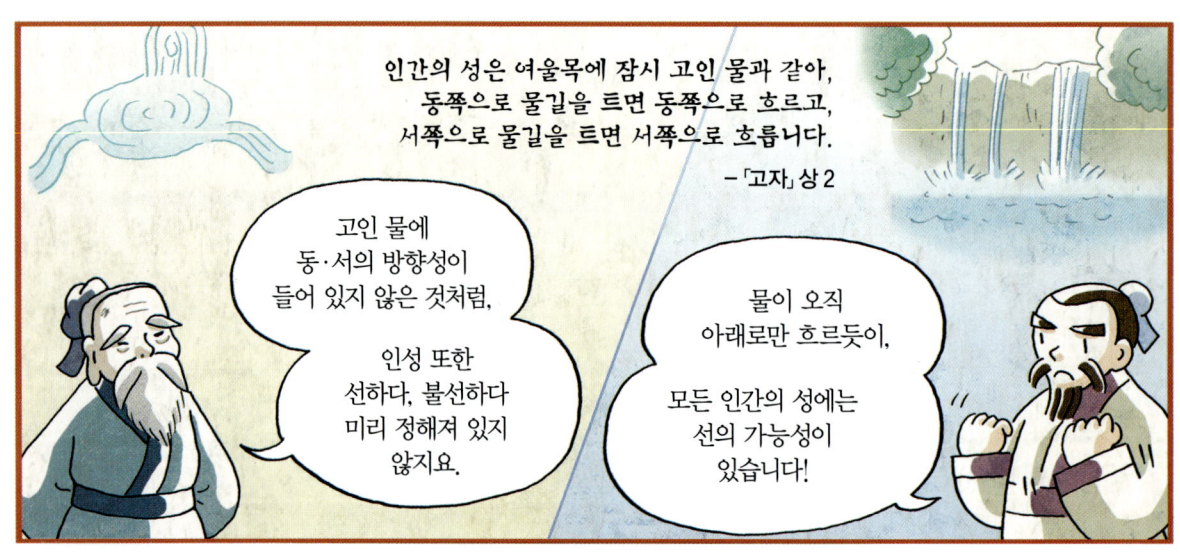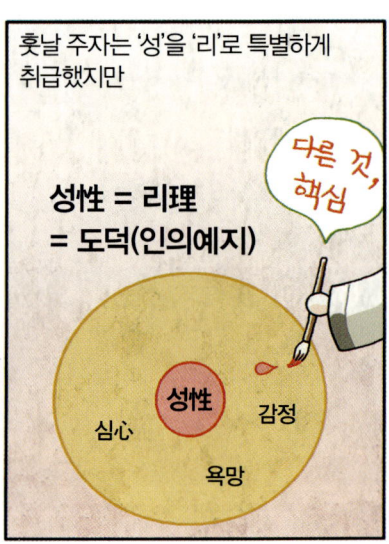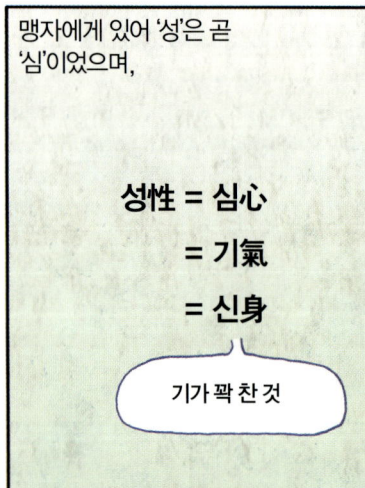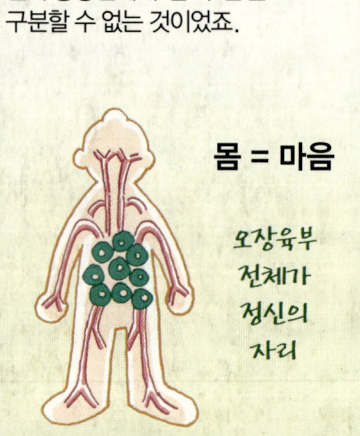

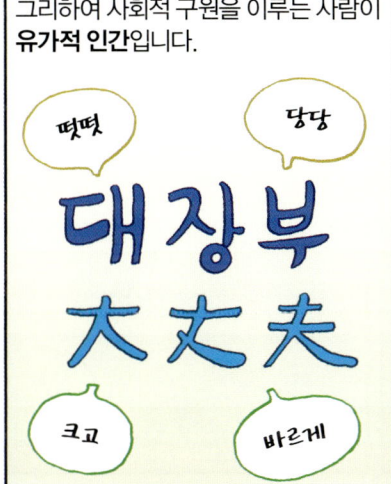

맹자의 몸철학 I

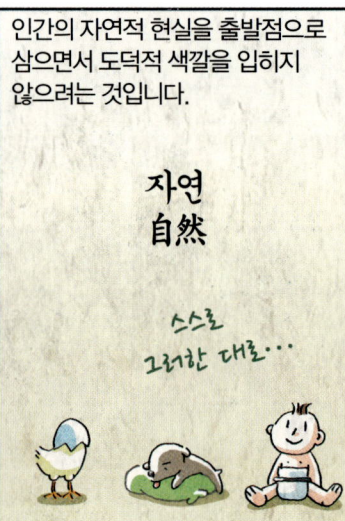
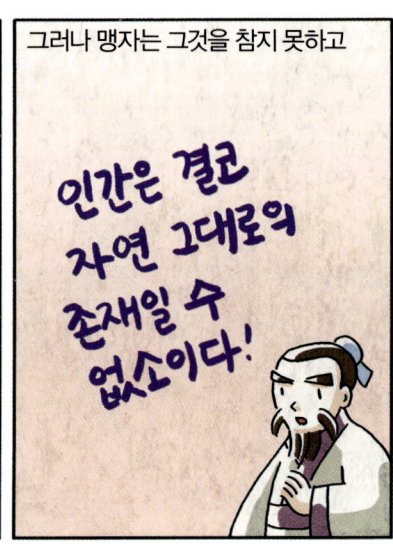

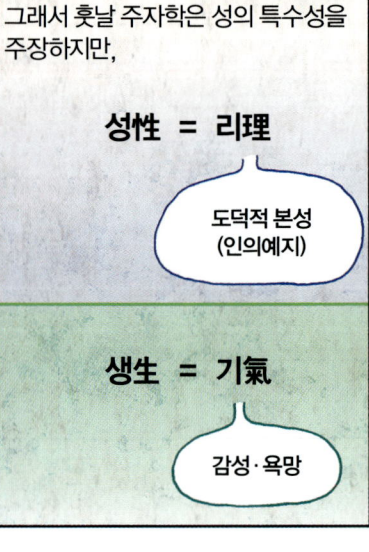

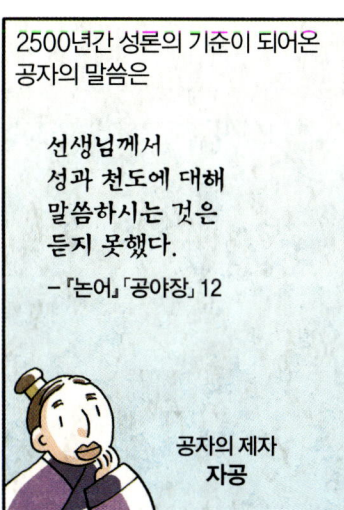

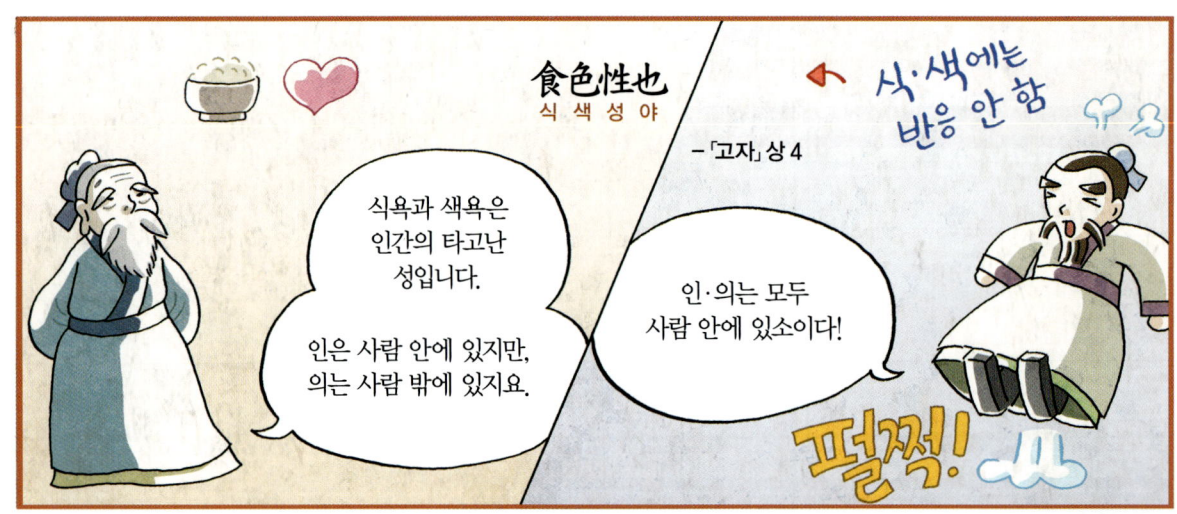

맹자시대에는 이미 인간의 성에 대해 다양하게 해석하는 학파들이 있었습니다.

성 자체에 대해 도덕적 평가를 내리지 않으려는 고자는 물론

성에는 선도 불선도 없다

고자

성은 선하게 될 수도, 불선하게 될 수도 있다는 주장,

폭군 아래서는 백성들도 불인해진다

혹자 1

원래 성이 선한 사람과 불선한 사람이 따로 있다는 주장도 있었죠.

요임금 아래서도 고수와 상 같은 나쁜 인간들이 있었다

혹자 2

여기에 대해 맹자는 오직 사람은 선해질 수 있다는

불선한 행동을 한다 해도 일시적으로 그렇게 된 것이지, 그 본바탕의 죄는 아니다.

가능성을 말했던 것입니다.

可以爲善
가 이 위 선

사람은 누구나 선을 실천할 수 있다

이것이 내가 성선을 주장하는 근거이다!

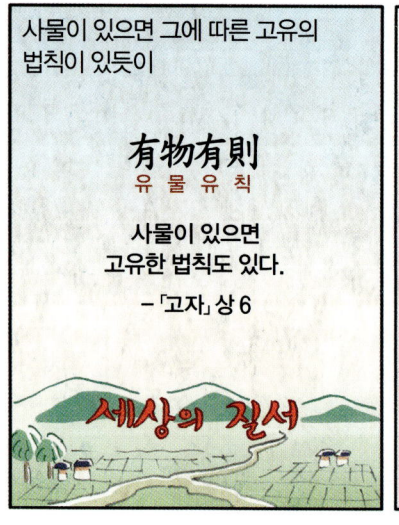

사물이 있으면 그에 따른 고유의 법칙이 있듯이

有物有則
유 물 유 칙

사물이 있으면 고유한 법칙도 있다.
-「고자」상 6

세상의 질서

인간이라면 누구나 예외 없이 고유한 재질을 가지고 있기에

도덕적 근원이 우리 몸에 원래 갖춰져 있다

인의예지

그것이 발현되어 나타난다는 거죠.

측은지심   공경지심
           (사양지심)

수오지심   시비지심

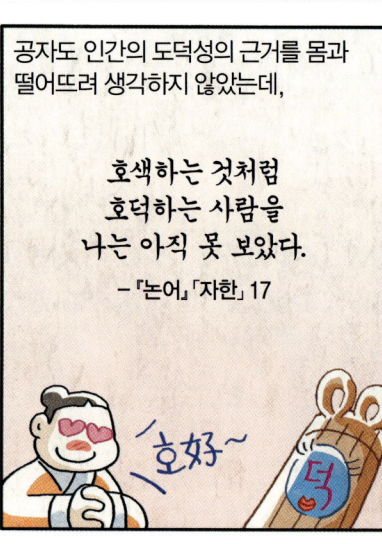

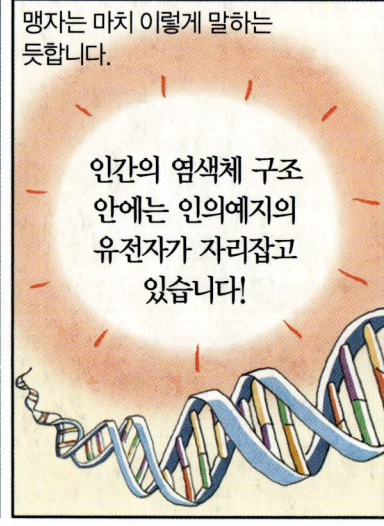

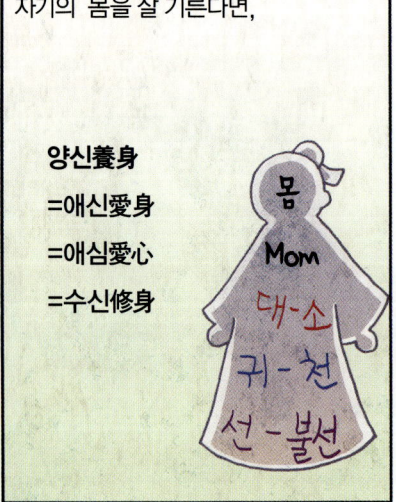

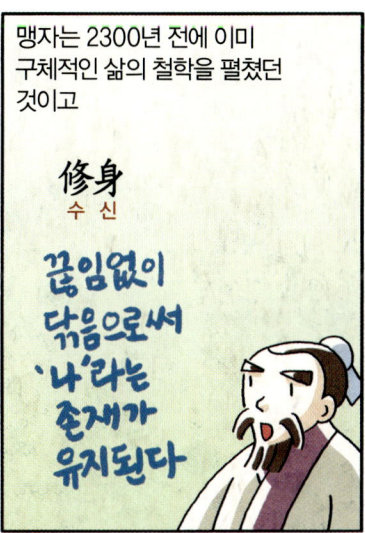

진심 상 – 1

孟子曰: "盡其心者, 知其性也. 知其性, 則知天矣.
맹자왈   진기심자   지기성야   지기성   즉지천의

맹자께서 말씀하셨다.

"그 마음을 다하는 자는 자기 본래의 성을 알 수 있다.
자기의 성을 알게 되면 하늘의 뜻을 알 수 있다.

存其心, 養其性, 所以事天也.
존기심   양기성   소이사천야

그 마음을 잘 보존하고 자기의 성을 잘 기르면,
그것이 곧 하늘을 섬기는 길이다.

殀壽不貳, 修身以俟之, 所以立命也."
요수불이   수신이사지   소이립명야

일찍 죽고 오래 사는 일에 마음을 흩트리지 말고,

오직 끊임없이 내 몸을 닦으면서 기다리는 것이
곧 내 삶 속에서 천명을 확립하는 길이다."

孟子曰: "莫非命也, 順受其正.
맹 자 왈　　막 비 명 야　순 수 기 정

맹자께서 말씀하셨다.

"인간의 길흉화복이 명이 아닌 것이 없으므로,
그 바른 명을 받는 것이 중요하다.

是故知命者, 不立乎巖牆之下.
시 고 지 명 자　불 립 호 암 장 지 하

그러므로 명을 아는 자는 곧 무너질
바위나 담 밑에 서 있지 아니 한다.

盡其道而死者, 正命也; 桎梏死者, 非正命也."
진 기 도 이 사 자　정 명 야　질 곡 사 자　비 정 명 야

정당한 도덕적인 삶의 길을 끝까지 충실히 걷다가
죽는 사람은 죽더라도 **바른 명**을 받은 것이다.

그러나 비도덕적인 삶의 길을 걷다가 질곡에 빠져
고통스럽게 죽는 사람은 **정명**을 받지 못한 것이다."

진심 상 - 3

孟子曰: "求則得之, 舍則失之,
맹자왈　구즉득지　사즉실지

맹자께서 말씀하셨다.

"구하면 얻어지고 버려두면 사라진다.
이렇게 덕을 구하는 것은 진정한 얻음에 유익한데,
그것은 **나에게 있는 것**을 구하기 때문이다.

是求有益於得也, 求在我者也.
시구유익어득야　구재아자야

구하는 데 일정한 방법이 있고 얻는 것도
내가 조절할 수 없는 운명적인 요소가 많다면
이렇게 구하는 것은 진정한 얻음에는 무익한데,
그것은 **나 밖에 있는 것**을 구하기 때문이다."

求之有道, 得之有命, 是求無益於得也, 求在外者也."
구지유도　득지유명　시구무익어득야　구재외자야

孟子曰: "萬物皆備於我矣.
맹자왈　만물개비어아의

진심 상 - 4

맹자께서 말씀하셨다.

反身而誠, 樂莫大焉. 强恕而行, 求仁莫近焉."
반신이성　낙막대언　강서이행　구인막근언

"세상 모든 것이 나에게 다 갖추어져 있다.
내 몸을 돌이켜보아 우주의 성실함을 깨닫는다면 그보다 더 큰 인생의 즐거움이 없다.
살아가면서 **내가 원치 않는 것을 남에게 베풀지 않는다면**
인을 구하는 데 있어 그보다 더 좋은 방법이 없다.

孟子曰: "人不可以無恥, 無恥之恥, 無恥矣."
맹자왈　인불가이무치　무치지치　무치의

맹자께서 말씀하셨다.

"사람은 수치심이 없을 수는 없다.
수치심이 없는 것을 치욕으로 여기면
그 사람은 삶에서 치욕을 느끼는 일이 없게 될 것이다."

孟子曰: "恥之於人大矣, 爲機變之巧者, 無所用恥焉.
맹자왈　치지어인대의　위기변지교자　무소용치언

不恥不若人, 何若人有?"
불치불약인　하약인유

맹자께서 말씀하셨다.

"수치심은 인간에게 있어서 진실로 중대한 것이다.
약삭빠른 말솜씨에 능한 자들은 그들의 삶 속에 수치심이 발현될 기회가 없다.

자신의 덕이 타인에 미치지 못하는 것을 근본적으로 수치스럽게 여기지 않는다면,
어떻게 내가 타인보다 훌륭하게 되기를 바랄 수 있을까보냐?"

진심 상 - 10

孟子曰: "待文王而後興者, 凡民也.
맹자왈　대문왕이후흥자　범민야

맹자께서 말씀하셨다.

若夫豪傑之士, 雖無文王猶興."
약부호걸지사　수무문왕유흥

"문왕의 감화가 있어야만 비로소 떨쳐 일어나는 것은 평범한 사람들이다.
그러나 대저 지혜와 기개를 갖춘 선비는 문왕이 없어도 스스로 떨쳐 일어난다."

민족의 영웅
이순신

孟子曰: "以佚道使民, 雖勞不怨;
맹자왈　이일도사민　수로불원

진심 상 - 12

맹자께서 말씀하셨다.

以生道殺民, 雖死不怨殺者."
이생도살민　수사불원살자

"편안하게 해주려는 도리로써 백성을 부리면,
백성은 수고스러워도 원망하지 아니 한다.

살리려는 도리로써 백성을 죽인다 해도,
백성은 죽어가면서도 원망하지 아니 한다."

孟子曰: "霸者之民, 驩虞如也; 王者之民, 皞皞如也.
맹자왈   패자지민   환우여야   왕자지민 호호여야

맹자께서 말씀하셨다.

"권력으로 지배하는 **패자**의 백성은 환희에 차 있는 것처럼 보인다.
그러나 덕으로 다스리는 **왕자**의 백성은 여유롭게 만족감을 느끼며 산다.

殺之而不怨, 利之而不庸, 民日遷善而不知爲之者.
살지이불원   리지이불용   민일천선이부지위지자

부득이하게 그를 죽여도 원망하지 아니 하며,
삶을 윤택하게 해주어도 누구의 덕분인가를 따지지 않으니,
백성들은 매일 선한 방향으로 나아가면서도
누가 그렇게 만드는 것인지를 알지 못한다.

대저 성왕이 지나가는 곳마다 백성이 교화되고,
그의 체취가 보존되는 곳마다 신령한 기운이 감돌아,
위로는 하늘과 아래로는 땅과 더불어 그 덕이 한 몸이 되어 흐른다.
어찌 이것을 패자가 백성을 조금 도와주는 수준과 비교할 수 있겠는가?"

夫君子所過者化, 所存者神, 上下與天地同流, 豈曰小補之哉?"
부군자소과자화   소존자신   상하여천지동류   기왈소보지재

진심상 – 14

孟子曰: "仁言, 不如仁聲之入人深也;
맹 자 왈   인 언   불 여 인 성 지 입 인 심 야

맹자께서 말씀하셨다.

"인자하게 들리는 정치적 발언은
인한 음악이 민중을 깊게 파고드는 것만 못하다.
좋은 정치는 예술·도덕의 가르침이
민심을 얻는 것만 못하다.

善政, 不如善教之得民也.
선 정   불 여 선 교 지 득 민 야

선정은 백성들이 외경심을 품지만,
선교는 백성들이 좋아하고 아낀다.
선정은 백성들의 재산을 풍요롭게 만들지만,
선교는 백성들의 마음을 얻는다."

善政, 民畏之; 善教, 民愛之; 善政, 得民財; 善教, 得民心."
선 정   민 외 지   선 교   민 애 지   선 정   득 민 재   선 교   득 민 심

孟子曰: "人之所不學而能者, 其良能也;
맹 자 왈   인 지 소 불 학 이 능 자   기 양 능 야

진심상 – 15

맹자께서 말씀하셨다.

"사람이 배우지 않고서도 능한 것, 그것이 타고난 재능이고
생각하지 않고서도 아는 것, 그것이 타고난 지혜이다.

所不慮而知者, 其良知也.
소 불 려 이 지 자   기 양 지 야

어린 아이라도 그 부모를 사랑할 줄 모르는 자는 없고,
어른이 되어서도 자기 형을 공경할 줄 모르는 자는 없다.
가까운 가족을 친밀히 대하는 것이 인이고,
나이 많은 어른을 공경하는 것이 의이다.

이는 별다른 이유가 있어서가 아니라,
인과 의야말로 천하에 두루 통하는 덕성이기 때문이다."

孩提之童, 無不知愛其親者; 及其長也, 無不知敬其兄也.
해 제 지 동   무 부 지 애 기 친 자   급 기 장 야   무 부 지 경 기 형 야
親親, 仁也; 敬長, 義也. 無他, 達之天下也."
친 친   인 야   경 장   의 야   무 타   달 지 천 하 야

孟子曰: "舜之居深山之中, 與木石居, 與鹿豕遊,
맹자왈　　순지거심산지중　여목석거　여록시유

맹자께서 말씀하셨다.

"순이 깊은 산속에서 살 때, 집에는 나무와 돌밖에 없고
밖에 나가면 사슴과 돼지와 같이 놀았으니,
진실로 심산의 야인과 다를 바 없었다.

其所以異於深山之野人者幾希.
기소이이어심산지야인자기희

及其聞一善言, 見一善行, 若決江河, 沛然莫之能禦也."
급기문일선언　견일선행　약결강하　패연막지능어야

그러나 한 번이라도 좋은 말씀을 듣거나
한 번이라도 선한 행동을 보게 되면,
그 마음의 자세가 마치 큰 강의 제방이 터져
물이 패연하게 쏟아져 나오는 듯하여
아무도 그를 막을 수 없었다."

孟子曰: "無爲其所不爲, 無欲其所不欲, 如此而已矣."
맹자왈　　무위기소불위　무욕기소불욕　여차이이의

맹자께서 말씀하셨다.

"내가 하고 싶지 않은 것을 하지 말고,
내가 원치 않는 것을 원하지 말라.
(성인의 길이란) 이와 같을 뿐이다."

진심 상 – 18

孟子曰: "人之有德慧術知者, 恒存乎疢疾.
맹자왈 인지유덕혜술지자 항존호진질

맹자께서 말씀하셨다.

獨孤臣孼子, 其操心也危, 其慮患也深, 故達."
독고신얼자 기조심야위 기려환야심 고달

"덕행과 지혜, 수완과 지식을 갖춘 사람은 항상 삶의 고난 속에서 단련되어 왔기에 그렇게 된 것이다.

유독 군주에게 버림받은 외로운 신하와 서얼은 그 위험을 조심하고 환난을 깊이 걱정하면서 살아야 하기 때문에 자연스럽게 사리에 통달하게 된다."

진심 상 – 19

孟子曰: "有事君人者, 事是君則爲容悅者也;
맹자왈 유사군인자 사시군즉위용열자야

맹자께서 말씀하셨다.

"군주를 섬긴다는 자들은 군주의 비위를 맞추는 데만 신경을 쓰는 아첨꾼들이다.

有安社稷臣者, 以安社稷爲悅者也;
유안사직신자 이안사직위열자야

사직을 안정시킨다는 신하들은 국가 사직이 평안키만 하면 만족하는 현실주의자들이다.

有天民者, 達可行於天下而後行之者也;
유천민자 달가행어천하이후행지자야

천하를 걱정한다는 천민들은 천하를 움직일 수 있는 지위를 얻은 이후에야 행동하는 기회주의자들이다.

有大人者, 正己而物正者也."
유대인자 정기이물정자야

대인은 오직 자기를 바르게 함으로써 주변의 모든 사물이 바르게 되는, 그러한 인물이다."

서얼의 벼슬길을 터줄 것을 함께 주장한 율곡 이이와 누이 매창

진심 상 - 20

孟子曰: "君子有三樂, 而王天下不與存焉.
맹자왈 군자유삼락 이왕천하불여존언

군자에게 세 가지 즐거움이 있으니,

천하를 통일하여 왕도를 구현하는 일조차도 여기에는 들어가지 않는다.

父母俱存, 兄弟無故, 一樂也; 仰不愧於天, 俯不怍於人, 二樂也;
부모구존 형제무고 일락야 앙불괴어천 부부작어인 이락야

부모가 건강하게 살아계시고 형과 동생이
별 탈 없이 지내면 그것이 첫 번째 즐거움이다.

하늘을 우러러 보아 부끄러움이 없고
굽어 사람들을 보아도 부끄러움이 없는,
공명정대한 삶의 모습이 두 번째 즐거움이다.

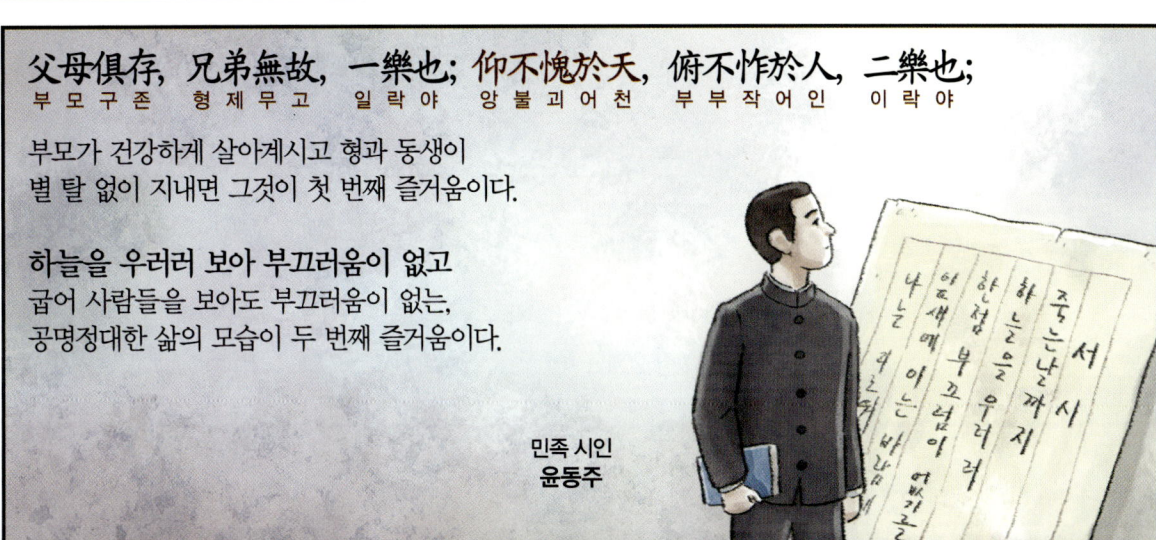

민족 시인
윤동주

得天下英才而教育之, 三樂也. 君子有三樂, 而王天下不與存焉."
득천하영재이교육지 삼락야 군자유삼락 이왕천하불여존언

천하의 영재를 얻어 그들을 교육하는 것이 세 번째 즐거움이다.

군자에게 이 세 가지 즐거움이 있으니, 천하를 통일하여 왕도를
구현하는 일조차도 여기에는 들어가 있지 아니 하노라."

孟子曰: "廣土衆民, 君子欲之, 所樂不存焉.
맹자왈 광토중민 군자욕지 소락부존언

맹자께서 말씀하셨다.

"영토를 넓히고 인구를 늘리는 일은 군자(제후)가 욕심내는 바이지만,
그가 즐거움으로 삼는 것에는 들어가지 않는다.

中天下而立, 定四海之民, 君子樂之, 所性不存焉.
중천하이립 정사해지민 군자락지 소성부존언

천하의 한가운데에 당당히 서서 사해의 백성을 안정시켜 주는 것은
군자가 즐거움으로 삼지만, 그가 본래적 성으로 삼는 것에는
들어가지 않는다.

군자가 성으로 삼는 것은 자기의 정치적 이상이 크게 실현되어도
늘어나지 않으며, 몰락하여 빈궁하게 산다 해도 줄어들지 않는다.
그것은 하늘에서 나누어 받을 때 이미 정해진 것이기 때문이다.

君子所性, 雖大行不加焉, 雖窮居不損焉, 分定故也.
군자소성 수대행불가언 수궁거불손언 분정고야

君子所性, 仁義禮智, 根於心. 其生色也睟然, 見於面, 盎於背, 施於四體.
군자소성 인의예지 근어심 기생색야수연 현어면 앙어배 시어사체

四體不言而喩."
사체불언이유

군자가 성으로 삼는 것은 바로 인·의·예·지이니,
그것은 우리의 마음에 굳건히 뿌리내리고 있다.

그것은 우리 몸에서 색으로 나타나는데,
그 기운이 맑고 순결하기 그지없다.

그 색은 얼굴에 드러나며,
뒷모습에도 가득히 넘쳐나며,
팔과 다리에도 두루 뻗친다.

사람의 몸은 무어라 말하지 않아도
그 삶과 소성의 모습으로 타인을
깨우치고 있는 것이다!"

진심 상 - 23

孟子曰: "易其田疇, 薄其稅斂, 民可使富也.
맹자왈 역기전주 박기세렴 민가사부야

맹자께서 말씀하셨다.

"경작지를 잘 다스리고 조세를 가볍게 해주면,
백성들은 못살래야 못살 수가 없다.

食之以時, 用之以禮, 財不可勝用也.
식지이시 용지이례 재불가승용야

때에 맞추어 식량을 얻고 예의 기준에 맞게 절약한다면,
재물이 남아돌아가지 않을 수 없다.

民非水火不生活, 昏暮叩人之門戶求水火, 無弗與者, 至足矣.
민비수화불생활 혼모고인지문호구수화 무불여자 지족의

인간은 물과 불이 없이는 생활할 수가 없는데,
해가 진 뒤 남의 집 문을 두드려 물과 불씨를 얻으려 하면
옆집에서 나눠주지 않는 자가 없는 것은,
물과 불이 어디든지 풍요롭게 있기 때문이다.

성인이 천하를 다스리면 콩과 곡물이 물과 불처럼 풍부하게 된다.
콩과 곡물이 물과 불처럼 풍부하다면 어찌 백성이 불인하게 되겠는가?"

聖人治天下, 使有菽粟如水火. 菽粟如水火, 而民焉有不仁者乎?"
성인치천하 사유숙속여수화 숙속여수화 이민언유불인자호

진심 상 - 24

孟子曰: "孔子登東山而小魯, 登泰山而小天下.
맹자왈 공자등동산이소로 등태산이소천하

맹자께서 말씀하셨다.

"공자께서 동산에 오르시니 노나라가 작게 보였고,
태산에 오르시니 천하가 작게 보였다.

故觀於海者難爲水, 遊於聖人之門者難爲言.
고관어해자난위수 유어성인지문자난위언

그러므로 바다를 본 사람은 시냇가에서만 논 사람들 앞에서
물에 관해 말하기 어렵고, 성인의 문하에서 직접 배운 사람은
학문의 경지를 시골 서생들 앞에서 말로 표현하기 어렵다.

觀水有術, 必觀其瀾. 日月有明, 容光必照焉.
관수유술 필관기란 일월유명 용광필조언

물을 보는 데도 방법이 있으니,
반드시 그 아득한 물결을 보아야 한다.

해와 달과 같은 거대한 인격을 갖추게 되면,
그 빛은 아무리 작은 틈새의 공간이라도 반드시 비춘다.

물이 흘러가는 모습을 보라!
앞에 웅덩이가 있으면 반드시 그것을
다 채우고 난 후에야 앞으로 나아간다.

군자가 도에 뜻을 둔다고 하는 것도 기초 실력을 갖추어
문채를 이루지 않으면 통달하여 앞으로 나아갈 수 없는 것이다."

流水之爲物也, 不盈科不行; 君子之志於道也, 不成章不達."
유수지위물야 불영과불행 군자지지어도야 불성장부달

孟子曰: "楊子取爲我, 拔一毛而利天下, 不爲也.
맹자왈 양자취위아 발일모이리천하 불위야

맹자께서 말씀하셨다.

"양자는 극단적으로 나를 위하는 주장을 하여,
털 한 오라기를 뽑아 천하를 이롭게 할 수 있다고 해도
그것을 하지 않는다고 했다.

양주
BC 395~335

墨子兼愛, 摩頂放踵利天下, 爲之.
묵자겸애 마정방종리천하 위지

묵자는 차별 없이 모든 사람을 사랑할 것을 주장하여,
머리 꼭대기부터 발뒤꿈치까지 몸이 닳아 없어지더라도
천하를 이롭게만 할 수 있다면 서슴지 않고 하겠다고 했다.

묵적
BC 480?~390?

子莫執中, 執中爲近之, 執中無權, 猶執一也.
자막집중 집중위근지 집중무권 유집일야

노나라의 자막은 이 두 사람의 중간입장을 취하고 있는데,
중간입장을 취하는 것이 도에 더 가까울 수는 있으나,
중간입장에는 상황에 따른 융통성이 없기 때문에
하나의 편견을 고집하는 것과도 같다.

내가 하나를 고집하는 집일을 미워하는 것은
그것이 도를 해치기 때문이니, 집일은 하나를 들어
백 개를 없애는 결과를 가져올 뿐이다."

所惡執一者, 爲其賊道也, 擧一而廢百也."
소오집일자 위기적도야 거일이폐백야

孟子曰: "飢者甘食, 渴者甘飲,
맹자왈 기자감식 갈자감음

맹자께서 말씀하셨다.

"굶주린 사람은 무엇을 먹어도 다 맛이 있고,
목마른 사람은 무엇을 마셔도 다 꿀맛이지만

이것은 음식의 바른 맛을 얻었다고 할 수 없는데,
기갈의 상태가 미각을 해쳤기 때문이다.

是未得飮食之正也, 飢渴害之也.
시 미 득 음 식 지 정 야   기 갈 해 지 야

그러나 어찌 입과 내장만이
기갈의 해로움에 시달리겠는가?

사람이 굶고 목마르다 보면 그 해가
반드시 그 마음에까지 미치게 된다.

豈惟口腹有飢渴之害? 人心亦皆有害.
기 유 구 복 유 기 갈 지 해   인 심 역 개 유 해

人能無以飢渴之害爲心害, 則不及人不爲憂矣."
인 능 무 이 기 갈 지 해 위 심 해   즉 불 급 인 불 위 우 의

어떤 사람이 기갈의 해로움을 가지고 마음을 해치지 않을 수 있다면,
그는 자신의 처지가 다른 사람에 미치지 못함을 근심으로 삼는 일은 없을 것이다."

부귀도 그를 타락시킬 수 없고
빈천도 그를 타협케 할 수 없으며
위무도 그를 굴복시킬 수 없는
대장부

- 「등문공」하 2

公孫丑曰: "詩曰, '不素餐兮.' 君子之不耕而食, 何也?"
공손추왈 시왈 불소찬혜 군자지불경이식 하야

『시』에 이런 노래가사가 있죠.

일하지 않으면 먹지 않는다.

그런데 요즈음의 군자는 밭을 갈지도 않으면서 공짜로 녹만 받아먹으니,

이게 어떻게 된 노릇입니까?

제자 공손추

孟子曰: "君子居是國也, 其君用之, 則安富尊榮; 其子弟從之, 則孝弟忠信.
맹자왈 군자거시국야 기군용지 즉안부존영 기자제종지 즉효제충신

군자가 한 나라에 머물 때 임금이 그를 제대로 알아보고 쓰면 그 나라는 편안해지고, 풍요롭게 되며, 존귀하게 되며, 번영의 길을 걷게 된다.

그 나라 청소년들이 그에게 배우면 효제충신의 덕성을 함양할 수 있다. (나라의 미래가 보장되는 것이다)

그러니 '공짜밥을 먹지 않는다'는 노래가사로 말하자면,

이보다 더 위대한 노동의 보람이 어디 있겠느냐?

'不素餐兮,' 孰大於是?"
불소찬혜 숙대어시

진심 상 - 33

王子墊問曰: "士何事?" 孟子曰: "尚志."
왕자점문왈　　　　사하사　　맹자왈　　상지

"사가 해야 할 일이 무엇입니까?"

뜻을 고상하게 지녀야 합니다.

曰: "何謂尚志?"
왈　하위상지

어떻게 해야 뜻이 고상하게 됩니까?

제나라 왕자
점

曰: "仁義而已矣.
왈　인의이이의

인의를 실천하는 것뿐이지요.

殺一無罪, 非仁也; 非其有而取之, 非義也. 居惡在? 仁是也; 路惡在? 義是也.
살일무죄　비인야　비기유이취지　비의야　거오재　인시야　로오재　의시야

한 사람이라도 죄없는 사람을 죽이면 인이 아니고,
자기 것이 아닌데도 취하는 것은 의가 아닙니다.

나는 도대체 어디에서 살아야 할까요?
인 밖에는 없습니다.
내가 걸어가야 할 길은 어디에 있을까요?
의 밖에는 없습니다.

居仁由義, 大人之事備矣."
거인유의　대인지사비의

항상 인에 머물고, 의에 따라 삶의 모든 일을 행하게 되면
덕의 향기 드높은 대인의 일은 다 갖추어지는 것이지요."

桃應問曰: "舜爲天子, 皐陶爲士, 瞽瞍殺人, 則如之何?"
도응문왈　　　순위천자　고요위사　고수살인　즉여지하

孟子曰: "執之而已矣."
맹자왈　　집지이이의

"然則舜不禁與?"
연즉순불금여

曰: "夫舜惡得而禁之? 夫有所受之也."
왈　부순오득이금지　부유소수지야

"然則舜如之何?"
연 즉 순 여 지 하

그렇다면 순은 과연 어떻게 행동할까요?

曰: "舜視棄天下猶棄敝蹝也.
왈   순 시 기 천 하 유 기 폐 사 야

"순은 본시 천자의 자리도 **헌신짝 버리듯이** 버릴 수 있는 사람이다.

竊負而逃, 遵海濱而處, 終身訢然, 樂而忘天下."
절 부 이 도   준 해 빈 이 처   종 신 흔 연   낙 이 망 천 하

순은 아버지를 등에 업고 달아나 머나먼 바닷가에 숨어 살면서, 죽을 때까지 아버지 모시는 것을 흐뭇해하며 그런 생활을 즐기면서 자기가 천자였다는 것도 잊어버릴 것이다."

진심 상 - 38

孟子曰: "形色, 天性也. 惟聖人, 然後可以踐形."
맹자왈　형색　천성야　유성인　연후가이천형

맹자께서 말씀하셨다.

"사람의 생긴 대로의 모습은 타고난 가능성이다. 오직 성인만이 주어진 형색에 깃들어 있는 가능성을 온전히 실천하면서 살아간다."

孟子曰: "君子之所以敎者五:
맹자왈　군자지소이교자오

진심 상 - 40

맹자께서 말씀하셨다.

"군자가 교육하는 방법에는 다음의 다섯 가지가 있다.

有如時雨化之者, 有成德者, 有達財者,
유여시우화지자　유성덕자　유달재자

때맞게 비가 내려 만물이 자라듯 교육하는 것, 한 인간의 덕성을 길러주는 것, 타고난 재능을 발현케 해주는 것,

질문에 대답해주는 것, 사숙하게(간접적으로 듣고 배우게) 하는 것. 이 다섯 가지가 군자가 가르치는 방법이다."

有答問者, 有私淑艾者.
유답문자　유사숙애자
此五者, 君子之所以敎也."
차오자　군자지소이교야

公孫丑曰: "道則高矣, 美矣, 宜若似登天然, 似不可及也.
공손추왈   도즉고의 미의   의약사등천연   사불가급야

何不使彼爲可幾及而日孳孳也?"
하불사피위가기급이일자자야

제자 공손추

선생님께서 말씀하시는 성인의 도는 진실로 높고 아름답습니다만,

그것은 거의 하늘에 오르는 듯하여 도저히 미칠 수 없을 것 같습니다.

그것을 보통사람들도 올라갈 수 있다는 희망을 가질 수 있게

조금 내려서 매일매일 부지런히 노력하게 하면 안될까요?

孟子曰: "大匠不爲拙工改廢繩墨, 羿不爲拙射變其彀率.
맹자왈   대장불위졸공개폐승묵   예불위졸사변기구률

"위대한 도목수는 서툰 목수를 가르치기 위해 먹줄 쓰는 방법을 바꾸거나 없애지 않고,
예는 졸렬한 사수를 가르치기 위해 그 활시위 당기는 방법을 바꾸지 않는다.

활의 명인
예

군자가 사람을 가르칠 때도, 활시위를 당겨 쏘진 않더라도 곧 과녁을 뚫을 듯한 약동하는 긴장감을 가진다.

그것은 중용의 도에 서서 사람을 인도하는 것이니, 능력 있는 자는 따라온다.

君子引而不發, 躍如也. 中道而立, 能者從之."
군자인이불발   약여야   중도이립   능자종지

公都子曰: "滕更之在門也, 若在所禮, 而不答, 何也?"

孟子曰: "挾貴而問, 挾賢而問, 挾長而問, 挾有勳勞而問, 挾故而問, 皆所不答也.

배우는 사람이 자기의 귀한 신분을 끼고 묻거나, 지식이 많은 것을 끼고 묻거나, 나이가 많은 것을 끼고 묻거나, 공로가 있는 것을 끼고 묻거나, 연고가 있는 것을 끼고 묻는 것은 모두 대답해줄 필요가 없다.

滕更有二焉."

등갱은 이 중 둘이나 끼고 있다.

진심 상 – 46

孟子曰: "知者無不知也, 當務之爲急;
맹자왈 지자무부지야 당무지위급

맹자께서 말씀하셨다.

"아는 것이 많은 자는 모르는 것이 없어야겠지만
당연히 힘써야 할 것을 급선무로 해야 하므로
모르는 것이 있을 수도 있다.

仁者無不愛也, 急親賢之爲務.
인자무불애야 급친현지위무

인한 자는 사랑하지 않는 것이 없어야겠지만
현자를 가까이 하는 것을 서둘러야 하므로
소홀히 하는 것이 있을 수도 있다.

堯、舜之知而不徧物, 急先務也; 堯、舜之仁不徧愛人, 急親賢也.
요 순지지이불편물 급선무야 요 순지인불편애인 급친현야

요·순과 같은 지자라도 모든 사물을 두루 다 알지 못하는 것은
급히 먼저 실천해야 할 일이 있기 때문이요,
요·순과 같은 인자라도 모든 사람을 두루 다 사랑하지 못하는 것은
현자를 가까이 하는 것을 서둘러야 하기 때문이다.

不能三年之喪, 而緦、小功之察; 放飯流歠, 而問無齒決, 是之謂不知務."
불능삼년지상 이시 소공지찰 방반류철 이문무치결 시지위부지무

3년상을 실행하지도 못하면서 시마와 소공의 복상 문제를 따지고,
자기는 밥을 마구 퍼먹고 국을 줄줄 흘려대며 마시면서
상대방이 마른 고기를 질겅질겅 씹어댄다고 따지는데,
이를 두고 '먼저 해야 할 일을 모른다고 한다.'

남인   서인

조선시대
예송논쟁

진심 하 - 2

孟子曰: "春秋無義戰. 彼善於此, 則有之矣.
맹자왈　춘추무의전　피선어차　즉유지의

맹자께서 말씀하셨다.

"『춘추』에 정의로운 전쟁(정벌)은 없다.
한 쪽 군주가 다른 한 쪽보다 나을 수는 있다.

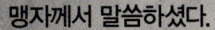
침략전쟁

정벌은 천자가 제후를 치는 것이며,
제후국 간의 싸움은 정벌이라고 할 수 없다.

征者, 上伐下也, 敵國不相征也."
정자　상벌하야　적국불상정야

孟子曰: "盡信書, 則不如無書.
맹자왈　진신서　즉불여무서

진심 하 - 3

맹자께서 말씀하셨다.

吾於武成, 取二三策而已矣.
오어무성　취이삼책이이의

"『서』의 내용을 그대로 다 믿는다면
오히려 『서』가 없느니만 못하다.
나는 「무성」편에서 두세 절만 취할 뿐이다.

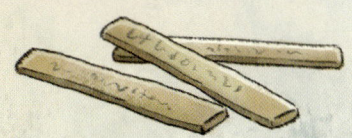

인한 사람은 본시 천하무적이며,
지극히 인한 자가 지극히 불인한 자를 토벌한 것인데,
어찌 흐르는 피에 절굿공이가 떠내려갈 수 있겠는가?"

仁人無敵於天下, 以至仁伐至不仁, 而何其血之流杵也?"
인인무적어천하　이지인벌지불인　이하기혈지류저야

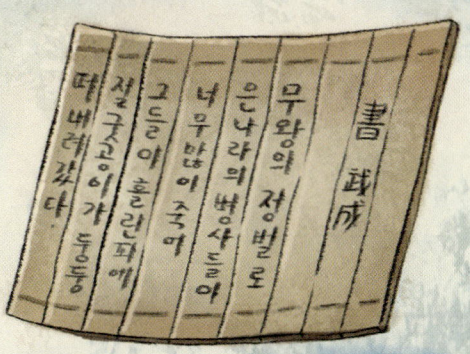
그런 기록은 믿기 어렵다!

진심-상·하　225

진심 하 - 4

孟子曰: "有人曰: '我善爲陳, 我善爲戰.' 大罪也.
맹자왈   유인왈   아선위진   아선위전   대죄야

맹자께서 말씀하셨다.

"어떤 사람이, '나는 진법의 도사다. 나는 전쟁을 잘 수행할 자신이 있다'고 말한다면, 그놈은 큰 죄를 저지를 놈이다.

國君好仁, 天下無敵焉. 南面而征, 北狄怨; 東面而征, 西夷怨.
국군호인   천하무적언   남면이정   북적원   동면이정   서이원

曰: '奚爲後我?'
왈   해위후아

군주가 인을 좋아하면 천하무적이다. 그가 남쪽으로 가서 정벌하면 북쪽의 오랑캐가 원망하고, 동쪽으로 가서 정벌하면 서쪽의 오랑캐가 이렇게 원망한다.

'어찌하여 우리를 뒤로 미루십니까?'

武王之伐殷也, 革車三百兩, 虎賁三千人.
무왕지벌은야   혁거삼백량   호분삼천인

무왕이 은나라를 정벌하는 데 쓰인 병거는 300대, 병사는 3천 명에 불과했다.

두려워 말라!
그대들을 평안케 해주려고 왔으며,
백성을 적으로 삼지 않는다.

王曰: '無畏! 寧爾也, 非敵百姓也.'
왕왈   무외   녕이야   비적백성야

若崩厥角稽首.
약 붕 궐 각 계 수

은나라의 백성들은 일시에 엎드려 이마를 땅에 대고 머리를 조아렸다.

征之爲言正也, 各欲正己也, 焉用戰?"
정지위언정야 각욕정기야 언용전

'정'의 말 뜻은 '바르게 한다'는 것이다.
정벌하는 사람이나 정벌 당하는 사람 모두 바르게 하기를
원할 뿐이니, 어찌 전쟁을 할 필요가 있겠는가?"

우리 시대의 급선무
= 남북화해

진심 하 - 5

孟子曰: "梓匠輪輿能與人規矩, 不能使人巧."
맹자왈   재장륜여능여인규구 불능사인교

맹자께서 말씀하셨다.

"소목장·대목수·수레바퀴공·수레거푸집 장인이 후배들에게 규구(콤파스와 곡척)의 사용법을 가르쳐줄 수는 있으나, 정교한 솜씨를 갖게 할 수는 없다."
(그것은 오로지 스스로 터득하는 것이다)

孟子曰: "身不行道, 不行於妻子;
맹자왈   신불행도   불행어처자

진심 하 - 9

使人不以道, 不能行於妻子."
사인불이도   불능행어처자

맹자께서 말씀하셨다.

"내가 몸으로 도를 실천하지 않으면 부인과 자식으로 하여금 도를 실천하게 할 수 없다.

내가 사람을 부림에 있어 도에 맞게 하지 않으면, 나의 처자도 내가 부릴 수 없게 된다."

孟子曰: "周于利者, 凶年不能殺;
맹 자 왈 주 우 리 자 흉 년 불 능 살

맹자께서 말씀하셨다.

"이익을 추구하는 데 빈틈이 없는 사람은 흉년도 그를 죽일 수 없고,

周于德者, 邪世不能亂."
주 우 덕 자 사 세 불 능 란

덕을 추구하는 데 빈틈이 없는 사람은 사악한 세상도 그를 어지럽힐 수 없다."

덕을 쌓는 과정도 이익을 추구하는 과정 못지 않게 치밀해야 한다

孟子曰: "好名之人, 能讓千乘之國.
맹 자 왈 호 명 지 인 능 양 천 승 지 국

맹자께서 말씀하셨다.

苟非其人, 簞食豆羹見於色."
구 비 기 인 단 사 두 갱 현 어 색

"명예심이 강한 사람은 능히 천승지국도 양보하여 이름을 남기려 할 것이다.
그러나 그가 그럴만한 인품을 갖추지 못했다면, 한 소쿠리의 밥과 한 사발의 국과
같은 사소한 것에도 속마음을 얼굴에 드러낸다."

孟子曰: "民爲貴, 社稷次之, 君爲輕.
맹자왈   민위귀   사직차지   군위경

맹자께서 말씀하셨다.

"민이 가장 귀한 것이요,
그 다음으로 중요한 것이 사직이다.
군(제후)은 가장 가벼운 존재이다."

사직 : 토지의 신과 곡물의 신

사직을 세우는 것은 한 나라를
건국하는 것을 의미하고,
사직에 제사 지낼 사람이 없어지면
한 나라가 멸망했다고 한다.

是故得乎丘民而爲天子, 得乎天子爲諸侯, 得乎諸侯爲大夫.
시고득호구민이위천자   득호천자위제후   득호제후위대부

그러므로 뭇 백성의 마음을 얻는 자가 천자가 되는 것이요,
천자의 신임을 얻는 자가 제후가 되는 것이요,
제후의 신임을 얻는 자가 대부가 되는 것이다.

諸侯危社稷, 則變置.
제 후 위 사 직 즉 변 치

제후가 무도하여 국가 사직을 위태롭게 만든다면, 그 제후는 갈아치워야 한다.

犧牲旣成, 粢盛旣潔, 祭祀以時, 然而旱乾水溢, 則變置社稷."
희 생 기 성   자 성 기 결   제 사 이 시   연 이 한 건 수 일   즉 변 치 사 직

제물로 쓸 소와 양을 살찌게 하고 제기에 담는 곡물도 정결하게 하여
제사를 때에 맞추어 지냈는데도 가뭄과 수해가 계속된다면,
그 사직의 신을 갈아치워야 한다.

그러나 백성은 갈아치울 수가 없는 것이다!

孟子曰: "聖人, 百世之師也, 伯夷、柳下惠是也.
맹자왈 성인 백세지사야 백이 유하혜시야

> 성인은 백 세대라도 끊임없이 사람들을 일깨우는 큰 스승님이시니,
>
> 백이와 유하혜가 그런 분이시다.

*백세: 1세를 30년 잡으면 3,000년, 20년 잡으면 2,000년

故聞伯夷之風者, 頑夫廉, 懦夫有立志;
고 문 백 이 지 풍 자 완 부 렴 나 부 유 립 지

그러므로 백이의 풍도를 들으면 탐욕스러운 사람도 청렴해지고, 겁 많고 나약한 사람도 의지를 세우게 되었으며,

성인 = 큰 스승

유하혜의 풍도를 들으면 각박한 자는 후해지고, 비루한 자는 관대해졌다.

聞柳下惠之風者, 薄夫敦, 鄙夫寬.
문 유 하 혜 지 풍 자 박 부 돈 비 부 관

奮乎百世之上, 百世之下, 聞者莫不興起也.
분호백세지상   백세지하   문자막불흥기야

非聖人而能若是乎? 而況於親炙之者乎?"
비성인이능약시호   이황어친자지자호

이들은 백세 이전에 떨쳐 일어났는데, 백세 후인
오늘날까지도 듣는 사람들이 감동하지 않음이 없다.

과연 성인이 아니고서 누가 이렇게 할 수 있겠는가?
하물며 직접 가르침을 받은 사람들은 어떠했겠는가?"

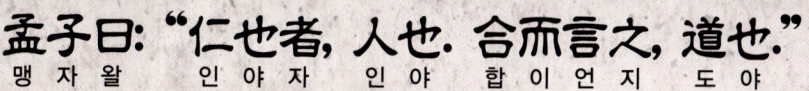

孟子曰: "仁也者, 人也. 合而言之, 道也."
맹자왈   인야자 인야 합이언지 도야

진심하 – 16

맹자께서 말씀하셨다.

"인이라는 것의 궁극적 뜻은 사람이다.
인과 사람을 합하여 말하면 곧 도가 된다."

孟子曰: "口之於味也, 目之於色也, 耳之於聲也,
맹 자 왈　구 지 어 미 야　목 지 어 색 야　이 지 어 성 야

鼻之於臭也, 四肢之於安佚也, 性也.
비 지 어 취 야　사 지 지 어 안 일 야　성 야

맹자께서 말씀하셨다.

"입이 맛있는 것을 좋아하고,
눈이 아름다운 색을 좋아하고,
귀가 아름다운 소리를 좋아하고,
코가 좋은 냄새를 좋아하고,
사지가 편안함을 좋아하는 것이 인간의 본성이다.

有命焉, 君子不謂性也.
유 명 언　군 자 불 위 성 야

그러나 거기에는 운명적 요소가 있으므로
(원하는 대로 다 얻으리라는 보장이 없다)
군자는 그것을 자기의 본성으로 여기지 않는다.

仁之於父子也, 義之於君臣也, 禮之於賓主也, 智之於賢者也,
인 지 어 부 자 야　의 지 어 군 신 야　예 지 어 빈 주 야　지 지 어 현 자 야

聖人之於天道也, 命也.
성 인 지 어 천 도 야　명 야

부자 간에 인을 베풀고, 군신 간에 의를 행하고,
손님과 주인이 예를 지키고, 현자가 지혜를 구하고,
성인이 천도를 구현하는 것은 운명적인 것이다.
(잘 구현되리라는 보장이 없다)

有性焉, 君子不謂命也."
유 성 언　군 자 불 위 명 야

그것은 본성에 속하는 것이므로,
군자는 그것을 운명으로 여기지 않는다.

浩生不害問曰: "樂正子何人也?"
호생불해문왈 악정자하인야

孟子曰: "逃墨必歸於楊, 逃楊必歸於儒.
맹자왈   도묵필귀어양   도양필귀어유

맹자께서 말씀하셨다.

"묵자에 빠졌다가 도망가면 반드시 양주에게로 간다. 그런데 양주에게 빠졌다가 도망가면 반드시 유가로 돌아온다. 돌아오는 사람은 받아주면 그만이다.

歸, 斯受之而已矣.
귀   사수지이이의

요즈음 양·묵학파와 논쟁하는 사람들은 도망친 돼지를 쫓듯이 한다. 이미 울타리에 들어왔는데, 또 쫓아가 네 발을 꽁꽁 묶어놓는다."

今之與楊墨辯者, 如追放豚, 既入其苙, 又從而招之."
금지여양묵변자   여추방돈   기입기립   우종이초지

孟子曰: "諸侯之寶三: 土地, 人民, 政事.
맹자왈   제후지보삼   토지   인민   정사

맹자께서 말씀하셨다.

"한 나라의 제후가 보배로 삼아야 할 것은 셋밖에 없다: 토지와 인민과 정치다.

구슬과 옥을 보배로 여기는 군주는 반드시 재앙이 그 몸에 미친다."

寶珠玉者, 殃必及身."
보주옥자   앙필급신

孟子曰: "言近而指遠者, 善言也;
맹자왈　　언근이지원자　선언야

맹자께서 말씀하셨다.

"말하는 것이 쉬우면서도 그 뜻하는 바가 깊고 먼 것, 그것은 **좋은 말**이다.

守約而施博者, 善道也.
수약이시박자　선도야

지키고 조심하는 것은 간단하지만 널리 베풀어지는 것, 그것은 **좋은 도**이다.

君子之言也, 不下帶而道存焉.
군자지언야　　불하대이도존언

군자가 하는 말은 허리띠 아래로 **내려가지 않지만** 거기에 도가 있다.

君子之守, 脩其身而天下平.
군자지수　수기신이천하평

군자가 지키는 것은 그 몸 하나를 닦는 것이지만, 그 결과 천하가 다 다스려져 태평하게 된다.

人病舍其田而芸人之田, 所求於人者重, 而所以自任者輕."
인병사기전이운인지전　소구어인자중　이소이자임자경

인간의 큰 병통이 자기 밭은 버려두고 남의 밭에서 김매기를 좋아하는 것인데, 이것은 남에게 요구하는 것은 엄청 많으면서 정작 자신의 책임은 소홀히 하는 짓이라 말할 수 있다."

孟子曰: "堯、舜, 性者也; 湯、武, 反之也.
맹자왈 요 순 성자야 탕 무 반지야

맹자께서 말씀하셨다.

"요와 순은 타고난 성품대로 살았고,
탕과 무는 수신을 통하여 천성을 회복하였다.

動容周旋中禮者, 盛德之至也.
동용주선중례자 성덕지지야

동작이나 용모의 사소한 절도가
저절로 예에 들어맞는 것은 진실로
훌륭한 덕의 극치이다.

哭死而哀, 非爲生者也.
곡사이애 비위생자야

經德不回, 非以干祿也.
경덕불회 비이간록야

죽은 사람에게 소리 내어 울고 슬퍼하는 것은
산 사람들에게 보여주기 위함이 아니다.

항상스러운 평소의 덕성을 굽히지 않는 것은
그로 인하여 봉록을 구하기 위함이 아니다.

言語必信, 非以正行也.
언어필신 비이정행야

말에 반드시 신실함이 있는 것은 나의 행동이
바른 것을 남에게 보여주기 위해서가 아니다.

君子行法, 以俟命而已矣."
군자행법 이사명이이의

군자는 오직 하루하루
바른 법도를 실천하며,

그 결과에 대해서는
천명을 기다릴 뿐이다!

孟子曰: "説大人, 則藐之, 勿視其巍巍然.
맹자왈 세대인 즉묘지 물시기외외연

맹자께서 말씀하셨다.

"세속적으로 높은 위치에 있는 사람을 만나 이야기 할 때에는 우선 그를 깔보는 것이 좋다. 상대방이 아무리 위세를 떨치더라도 그런 모습은 안중에 두지 말아야 한다.

堂高數仞, 榱題數尺, 我得志, 弗爲也.
당고수인 최제수척 아득지 불위야

그들의 부귀는 집 계단의 높이가 몇 길에 달하고
서까래의 머리가 수척에 이르지만,
내가 뜻을 얻어 그런 집을 지을 수 있게 된다고 해도
나는 결코 그 따위 짓을 하지 않는다.

食前方丈, 侍妾數百人, 我得志, 弗爲也.
식전방장 시첩수백인 아득지 불위야

사방 10척의 식탁에 음식이 즐비하게 차려지고
수백 명의 시첩이 시중을 들지만,
내가 뜻을 얻어 그렇게 살 수 있게 된다고 해도
나는 결코 그 따위 짓을 하지 않는다.

크게 즐기며 술을 들이키고 말 달리며 사냥하는데
뒤따르는 수레가 천승이나 되지만,
내가 뜻을 얻어 그렇게 할 수 있다고 해도
나는 결코 그 따위 짓을 하지 않는다.

般樂飮酒, 驅騁田獵, 後車千乘, 我得志, 弗爲也.
반락음주 구빙전렵 후거천승 아득지 불위야

在彼者, 皆我所不爲也; 在我者, 皆古之制也. 吾何畏彼哉?"
재피자 개아소불위야 재아자 개고지제야 오하외피재

> 그들에게 있는 것은 모두 내가 할 바가 아닌 것들이다.
>
> 나에게 있는 것은 모두 고대의 성인들에게서 온 것이니,
>
> 어찌 내가 그들을 두려워하겠는가?

孟子曰: "養心莫善於寡欲.
맹자왈 양심막선어과욕

진심 하 - 35

맹자께서 말씀하셨다.

"사람의 마음을 기르는 데는 욕심을 줄이는 것처럼 좋은 것이 없다.

其爲人也寡欲, 雖有不存焉者, 寡矣;
기위인야과욕 수유부존언자 과의

그 사람됨이 과욕하면, 비록 본래의 마음을 보존하지 못하는 상황이 있어도 그것은 잠깐에 그치고 만다.

其爲人也多欲, 雖有存焉者, 寡矣."
기위인야다욕 수유존언자 과의

그 사람됨이 욕심이 많으면, 비록 본래의 마음을 잘 보존한다 해도 그것은 잠깐에 그치고 만다.

曾晳嗜羊棗, 而曾子不忍食羊棗.
증석기양조 이증자불인식양조

증석이 양조를 좋아하였기에
증자는 아버지 증석이 돌아가신 후
차마 양조를 먹지 못했다고 한다.

*양조: 고욤(개암)

公孫丑問曰: "膾炙與羊棗孰美?"
공손추문왈 회자여양조숙미

회자하고 양조는 어느 쪽이 더 맛있을까요?

공손추

孟子曰: "膾炙哉!"
맹자왈 회자재

회자가 더 맛있겠지!

*회자: 육회와 불고기

公孫丑曰: "然則曾子何爲食膾炙而 不食羊棗?"
공손추왈 연즉증자하위식회자이 불식양조

그러면 왜 증자는 회자는 먹으면서 양조는 먹지 않았을까요?

曰: "膾炙, 所同也; 羊棗, 所獨也. 諱名不諱姓, 姓所同也, 名所獨也."
왈 회자 소동야 양조 소독야 휘명불휘성 성소동야 명소독야

"회자는 누구든지 좋아하는 것이지만
양조는 오직 증석이 홀로 좋아한 것이다.

이름은 부모나 임금의 이름을 피해 지어도 성은 휘하지 않는 것은,
성은 다같이 쓰지만 이름은 홀로 쓰기 때문이다."

萬章問曰: "孔子在陳,
만장문왈   공자재진

曰: '盍歸乎來! 吾黨之小子狂簡, 進取, 不忘其初.'
왈 합귀호래 오당지소자광간 진취 불망기초

공자께서 진나라에서 고생하고 계실 적에 이렇게 말씀하신 적이 있습니다.

어찌 돌아가지 않으리오! 내 고향의 아이들은 뜻이 크고 박력 있고 거칠지만 진취적이다. 나는 그들을 잊을 수가 없구나!

孔子在陳, 何思魯之狂士?"
공자재진 하사로지광사

공자께서는 진나라에 계시면서 왜 노나라의 과격한 선비들을 그리워하셨을까요?

제자 만장

孟子曰: "孔子 '不得中道而與之, 必也狂獧乎! 狂者進取, 獧者有所不爲也.'
맹자왈 공자 부득중도이여지 필야광견호 광자진취 견자유소불위야

공자께서는 일찍이 이렇게 말씀하곤 하셨지.

'중용의 도를 실천하는 인물과 함께하지 못한다면 차라리 나는 과격한 자나 고집 센 자와 함께할 것이다! 광자는 진취적이고, 견자는 하지 말아야 할 것은 하지 않는다.'

狂者又不可得, 欲得不屑不潔之士而與之, 是獧也, 是又其次也.
광자우불가득 욕득불설불결지사이여지 시견야 시우기차야

광자조차 얻지 못한다면, 정의롭지 못한 일은 수치스럽게 여겨
절대로 하지 않는 자를 얻어 함께 할 수밖에 없으니,
그가 곧 견자이고, 광자의 다음가는 인물이다.

고집 센 견자

孔子曰: '過我門而不入我室, 我不憾焉者, 其惟鄉原乎! 鄉原, 德之賊也.'
공자왈 과아문이불입아실 아불감언자 기유향원호 향원 덕지적야

공자께서는
이런 말씀도 하셨다.

'내 집 문 앞을 지나가면서 내 집에 들어오지 않아도
내가 섭섭하지 않은 사람은 **향원**밖에는 없을 거야!
향원이야말로 덕을 도둑질하고 해치는 위선자들이지!'

曰: "何如斯可謂之鄉原矣?"
왈 하여사가위지향원의

인간이 어떻게 하면
향원 소리를 듣게 되나요?

향원은 자신은
치사하게 살면서도
광자를 향해서는···

曰: "何以是嘐嘐也?
왈 하이시효효야

어째서 그토록
말과 뜻만
높으냐?

萬子曰:"一鄉皆稱原人焉, 無所往而不爲原人, 孔子以爲德之賊, 何哉?"
만자왈 일향개칭원인언 무소왕이불위원인 공자이위덕지적 하재

한 동네사람들이 모두 점잖은 사람이라고 말한다면 어딜 가나 점잖은 사람일 텐데, 어찌하여 공자께서는 덕을 도둑질하는 나쁜 놈이라고 말씀하셨을까요?

曰:"非之無擧也, 刺之無刺也,
왈 비지무거야 자지무자야

"이들은 도무지 걸려 해도 걸 데가 없고, 찔러도 찔리지 않도록 반지르르하게 포장되어 있다.

同乎流俗, 合乎汚世, 居之似忠信,
동호류속 합호오세 거지사충신
行之似廉潔, 衆皆悅之, 自以爲是,
행지사렴결 중개열지 자이위시

타락한 세속에 너무도 잘 적응하고, 오염된 세계와 잘 타협하며, 몸가짐이 참되고 믿음직스러워 보이고,

행동이 매우 청렴한 듯이 보이니 대중들이 모두 그들을 좋아할 뿐만 아니라, 그들 자신 스스로도 옳다고 믿고 있다.

而不可與入堯舜之道, 故曰'德之賊'也.
이불가여입요순지도 고왈 덕지적 야

그런데 이들은 결코 요·순의 도에는 들어갈 수가 없으니, 그래서 '덕을 해치는 도둑놈'이라고 말씀하신 것이다.

孔子曰: '惡似而非者:
공자왈　오사이비자

공자께서 말씀하셨다.

'비슷하지만 전혀 다른 사이비를 제일 싫어한다.

似而非

비슷하다　다르다

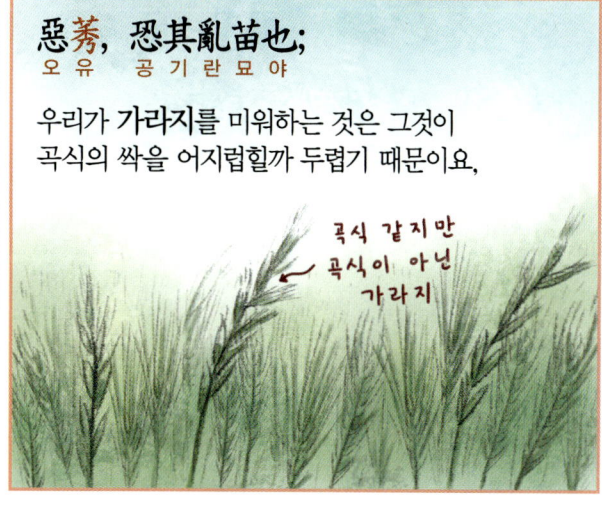

惡莠, 恐其亂苗也;
오유　공기란묘야

우리가 가라지를 미워하는 것은 그것이 곡식의 싹을 어지럽힐까 두렵기 때문이요,

곡식 같지만 곡식이 아닌 가라지

惡佞, 恐其亂義也;
오녕　공기란의야

세상에 아첨하는 재주를 미워하는 것은 그것이 의를 어지럽힐까 두렵기 때문이요,

惡利口, 恐其亂信也;
오리구　공기란신야

입만 살아있는 재빠른 말솜씨를 미워하는 것은 그것이 신을 어지럽힐까 두렵기 때문이다.

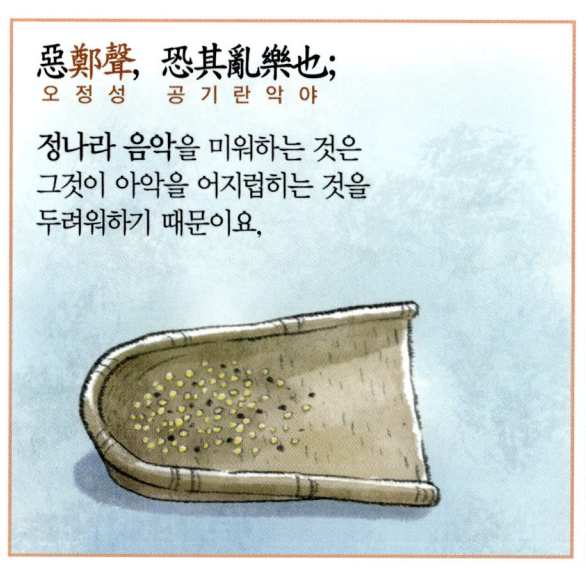

惡鄭聲, 恐其亂樂也;
오정성　공기란악야

정나라 음악을 미워하는 것은 그것이 아악을 어지럽히는 것을 두려워하기 때문이요,

惡紫, 恐其亂朱也;
오자　공기란주야

자주색을 미워하는 것은 그것이 붉은 색을 어지럽히는 것을 두려워하기 때문이요,

孟子曰: "由堯、舜至於湯, 五百有餘歲.
맹자왈   유요 순지어탕   오백유여세

맹자께서 말씀하셨다.
"요·순으로부터 탕왕에 이르기까지 오백 년의 세월이 흘렀다.

若禹、皐陶, 則見而知之; 若湯, 則聞而知之.
약우 고요   즉견이지지   약탕   즉문이지지

우와 고요는 요·순의 덕을 직접 보아서 알았고,
탕왕은 들어서 알았다.

由湯至於文王, 五百有餘歲.
유탕지어문왕   오백유여세

탕왕으로부터 문왕에 이르기까지
또 오백 년의 세월이 흘렀다.

若伊尹、萊朱, 則見而知之; 若文王, 則聞而知之.
약이윤   래주   즉견이지지   약문왕   즉문이지지

이윤과 래주는 탕왕의 덕을 직접 보아서 알았고,
문왕은 들어서 알았다.

由文王至於孔子, 五百有餘歲.
유 문 왕 지 어 공 자　오 백 유 여 세

문왕으로부터 공자에 이르기까지
또 오백 년의 세월이 흘렀다.

若太公望ヽ散宜生, 則見而知之; 若孔子, 則聞而知之.
약 태 공 망　산 의 생　즉 견 이 지 지　약 공 자　즉 문 이 지 지

태공망과 산의생은 문왕의 덕을 직접 보아서 알았고,
공자는 들어서 알았다.

由孔子而來至於今, 百有餘歲.
유 공 자 이 래 지 어 금　백 유 여 세

공자로부터 지금에 이르기까지
또한 백여 년의 세월이 흘렀다.

去聖人之世若此其未遠也, 近聖人之居若此其甚也,
거 성 인 지 세 약 차 기 미 원 야　　근 성 인 지 거 약 차 기 심 야

성인 공자의 시대로부터 시간이 그리 오래 지난 것이 아니요,
또 성인의 거처하신 곳도 너무도 가까운 곳이다.

然而無有乎爾, 則亦無有乎爾."
연 이 무 유 호 이　　즉 역 무 유 호 이

그런데도 지금 공자의 도를 잇는 자가 없다면
앞으로 어떻게 공자를 들어서 아는 자가 나오겠는가!"

수천 년 동방의 인문정신을
인류사에 전달할 나,
맹자가 여기 있다!

맹자의 몸철학 Ⅱ

「진심」편은 짧지만 심오한 내용으로 이루어져 있어 맹자의 『논어』라고도 불립니다.

노년에 달관의 경지에 이른 맹자가 우주적 메시지를 인간의 심성 속에서 말하고 있죠.

인간이 도덕적 마음을 다 발현하면 나의 본래적 모습, 즉 성을 알게 되는데

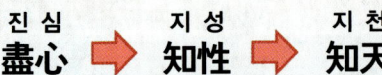

진 심　　　　지 성　　　　지 천
盡心　➡　知性　➡　知天

마음을 다하면 자신의 성을 알게 되고,
성을 알면 하늘의 뜻을 알게 된다

그 본래적 모습의 궁극에는 하늘, 하느님이 있습니다.

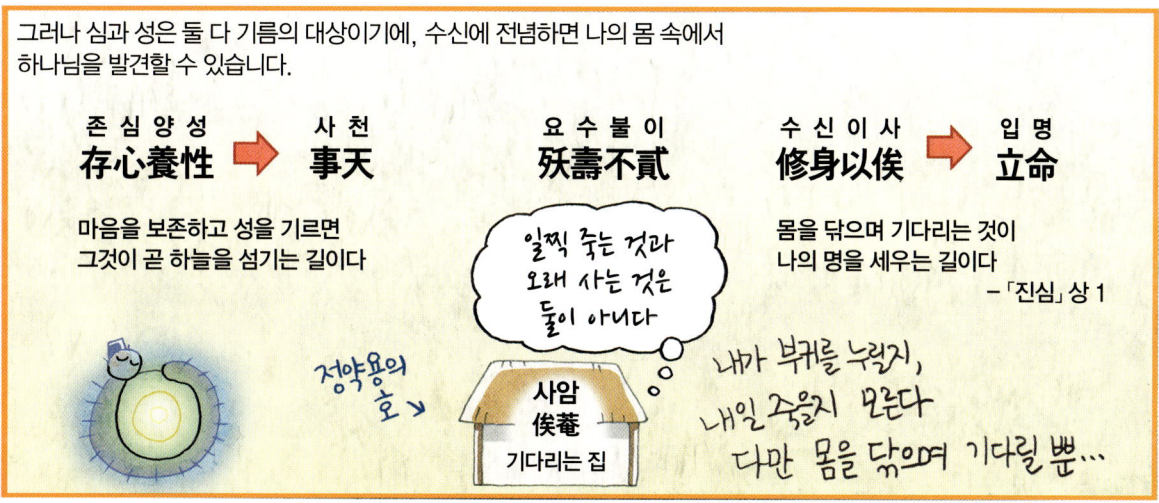

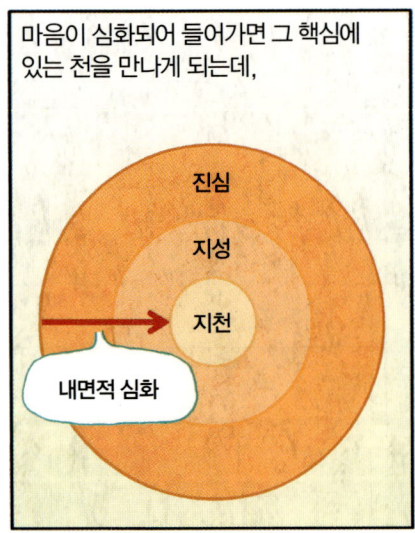

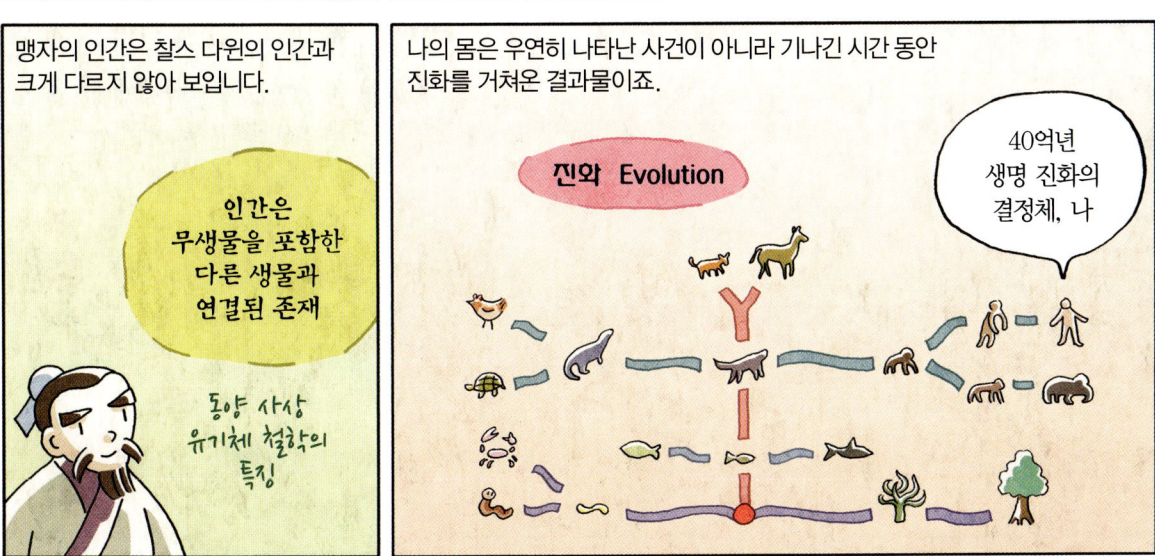

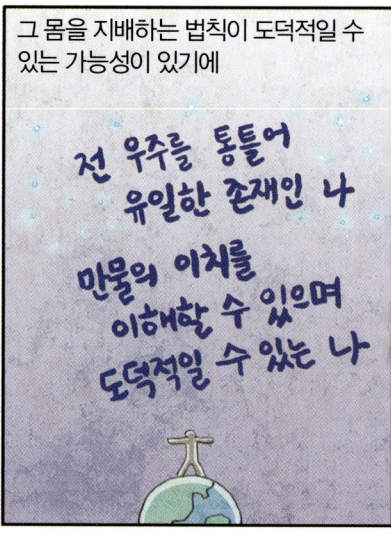

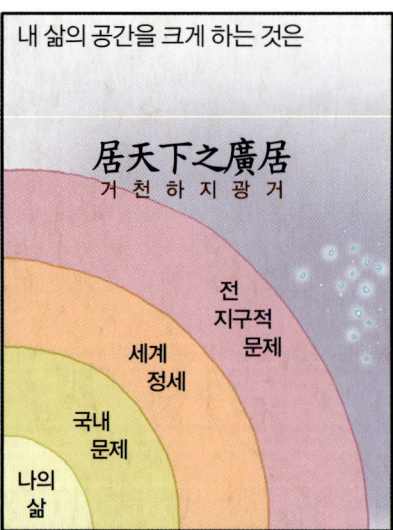

이목구비의 욕망과 사지의 편안함은 인간이라면 누구나 원하므로

본성이라고 생각하기 쉽지만, 마음대로 얻을 수 있다는 보장이 없기에

군자는 그것을 자신의 성으로 삼지 않습니다.
얻을 수도 있고 얻지 못할 수도 있다

반면, 인의예지의 성은 누구나 구현할 수 있는 게 아니기 때문에

명이라고 생각하기 쉽지만,
힘들지… 어렵지~

오히려 군자는 그것을 성으로 받아들여 끊임없이 노력하죠.
당연히 해야 하는 일

이제 『맹자』의 대단원이 다가오면서 맹자는 노년에 느끼는 자신의 '비결'에 가까운 마지막 심정을 이야기합니다.

죽은 사람에게 소리 내어 곡하는 것은 산 사람 들으라는 것이 아니며, 항덕을 굽히지 않는 것은 작록을 구하기 위함이 아니다.

군자는 오직 하루하루 바른 법도를 실천하고, 그 결과에 대해서는 천명을 기다릴 뿐이다.
―「진심」하 33

사람의 마음을 기르는 데 과욕보다 좋은 것은 없다.
―「진심」하 35

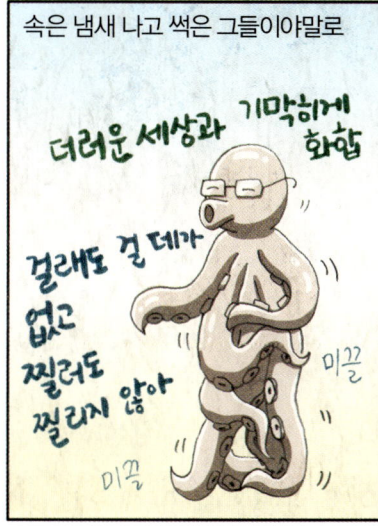

맹자 01강	왜 지금 맹자를 공부하나
맹자 02강	맹자는 치열한 민중해방 사상가 … 양혜왕 상-1장
맹자 03강	백화노방 백가쟁명 … 양혜왕 상-1장
맹자 04강	상앙과 진효공의 만남 … 양혜왕 상-1장
맹자 05강	위대한 사상가의 실패의 기록 … 양혜왕 상-1장
맹자 06강	맹자는 어떤 사람인가 … 양혜왕 상-1장
맹자 07강	상앙과 맹자 … 양혜왕 상-1장
맹자 08강	선각과 후각 … 양혜왕 상-1장
맹자 09강	공자의 인과 맹자의 인의 … 양혜왕 상-1장
맹자 10강	여민해락과 독락 … 양혜왕 상-2장
맹자 11강	왕도의 시작(오십보백보) … 양혜왕 상-2장
맹자 12강	비아야세야 비아야병야 … 양혜왕 상-3장
맹자 13강	양혜왕과 맹자의 마지막 대화 … 양혜왕 상-4·5장
맹자 14강	패연과 발연의 꿈 … 양혜왕 상-5·6장
맹자 15강	양혜왕을 보내고 제나라로 … 양혜왕 상-6장
맹자 16강	백가쟁명의 본원 직하학파 … 양혜왕 상-6장
맹자 17강	순우곤의 골계 … 양혜왕 상-6장
맹자 18강	관자의 시대정신 … 양혜왕 상-6장
맹자 19강	마음을 하얗게 한다, 백심 … 양혜왕 상-6장
맹자 20강	불인 선추기소위 … 양혜왕 상-7장
맹자 21강	반기본 … 양혜왕 상-7장
맹자 22강	항산과 교육 … 양혜왕 상-7장
맹자 23강	차무타 여민동락 … 양혜왕 하-1장
맹자 24강	칸트와 맹자 … 양혜왕 하-2장
맹자 25강	대용, 큰 용맹 … 양혜왕 하-3장
맹자 26강	축군하우? 축군자 호군야 … 양혜왕 하-4장
맹자 27강	호화 호색 … 양혜왕 하-5장
맹자 28강	왕고좌우이언타 … 양혜왕 하-6장
맹자 29강	맹자의 깡다구 … 양혜왕 하-7장
맹자 30강	일부, 한 또라이 … 양혜왕 하-8장
맹자 31강	나라의 기본 … 양혜왕 하-9장
맹자 32강	봉혜
맹자 33강	제인벌연 … 양혜왕 하-10장
맹자 34강	맹자의 드라마적 편집체계 … 양혜왕 하-11장
맹자 35강	민중을 변호함 … 양혜왕 하-12장
맹자 36강	자립 자수 … 양혜왕 하-13장
맹자 37강	봉혜서연(이성의 폭력)
맹자 38강	왕도의 구현은 오직 민심을 얻는 것 … 양혜왕 하-14·15장
맹자 39강	하늘의 뜻을 받고 떠나가노라 … 양혜왕 하-16장

맹자 40강	공손추의 질문	··· 공손추 상-1장
맹자 41강	기똥찬 타이밍, 사반공배	··· 공손추 상-1장
맹자 42강	아사십부동심	··· 공손추 상-2장
맹자 43강	호연지기(본문판서시작)	··· 공손추 상-2장
맹자 44강	지언	··· 공손추 상-2장
맹자 45강	생민미유	··· 공손추 상-2장
맹자 46강	천작얼 유가위 자작얼 불가활	··· 공손추 상-3·4장
맹자 47강	천리	··· 공손추 상-5장
맹자 48강	무측은지심 비인야	··· 공손추 상-6장
맹자 49강	천지졸작야 인지안택야	··· 공손추 상-7장
맹자 50강	여인위선	··· 공손추 상-8장
맹자 51강	백이와 유하혜	··· 공손추 상-9장
맹자 52강	천시 지리 인화	··· 공손추 하-1장
맹자 53강	맹자의 오기	··· 공손추 하-2장
맹자 54강	소불소지신	··· 공손추 하-2장
맹자 55강	무처이궤지 시화지야	··· 공손추 하-3장
맹자 56강	요순천종 공자백고(공총자)	
맹자 57강	차즉 과인지죄야	··· 공손추 하-4장
맹자 58강	여유작작	··· 공손추 하-5·6장
맹자 59강	군자불이천하검기친	··· 공손추 하-7장
맹자 60강	연가벌여? 맹자왈 가	··· 공손추 하-8장
맹자 61강	고지군자 과즉개지 금지군자 과즉순지	··· 공손추 하-9장
맹자 62강	촘스키와 맹자	
맹자 63강	불감청이 고소원	··· 공손추 하-10장
맹자 64강	촘스키의 고발	
맹자 65강	맹자거제	··· 공손추 하-11장
맹자 66강	니체	
맹자 67강	사성소인야	··· 공손추 하-12장
맹자 68강	구어제 비아지야	··· 공손추 하-13·14장
맹자 69강	피장부야 아장부야 오하외피재	··· 등문공 상-1장
맹자 70강	불가이타구자야	··· 등문공 상-2장
맹자 71강	민사불가완야	··· 등문공 상-3장
맹자 72강	인정, 필자경계시	··· 등문공 상-3장
맹자 73강	허행과 맹자	··· 등문공 상-4장
맹자 74강	비트겐슈타인	
맹자 75강	부자유친 군신유의 부부유별 장유유서 붕우유신	··· 등문공 상-4장
맹자 76강	두배 다섯배 열배 백배 천배 만배	··· 등문공 상-4장
맹자 77강	묵가와의 논쟁	··· 등문공 상-5장
맹자 78강	여불대기초이왕 하재	··· 등문공 하-1장

맹자 79강	왕기자 미유능직인자야 … 등문공 하-1장
맹자 80강	북경기행 1
맹자 81강	북경기행 2
맹자 82강	차지위대장부 … 등문공 하-2장
맹자 83강	불유기도이왕자 여찬혈극지류야 … 등문공 하-3장
맹자 84강	노자를 준비하며
맹자 85강	통공역사 … 등문공 하-4장
맹자 86강	구행왕정 사해지내개거수이망지 욕이위군 … 등문공 하-5장
맹자 87강	맹자의 출발은 다자인
맹자 88강	일설거주 독여송왕하 … 등문공 하-6장
맹자 89강	협견첨소 병우하휴 … 등문공 하-7장
맹자 90강	여지기비의 사속이의 … 등문공 하-8장
맹자 91강	일치일란 … 등문공 하-9장
맹자 92강	기호변재 여부득이야 … 등문공 하-9장
맹자 93강	엔트로피와 무위
맹자 94강	진중자기불성렴사재 … 등문공 하-10장
맹자 95강	책난어군위지공 진선폐사위지경 오군불능위지적 … 이루 상-1장
맹자 96강	도이 인여불인이의 … 이루 상-2장
맹자 97강	나는 나가 아니다
맹자 98강	삼대지득천하야이인 기실천하야이불인 … 이루 상-3장
맹자 99강	행유부득자 개반구저기 … 이루 상-4·5·6장
맹자 100강	순천자 존 역천자 망 … 이루 상-7장
맹자 101강	노자와 도교
맹자 102강	루소와 바랑부인(창랑지수청혜 가이탁아영 창랑지수탁혜 가이탁아족) … 이루 상-8장
맹자 103강	득기심유도 소욕여지취지 소오물시 이야 … 이루 상-9장
맹자 104강	자포자기, 친기친장기장 … 이루 상-10·11장
맹자 105강	음부경 1
맹자 106강	음부경 2-천생천살
맹자 107강	지성이부동자 미지유야 … 이루 상-12장
맹자 108강	칠년지내 필위정어천하의 … 이루 상-13장
맹자 109강	청기언야 관기모자 인언수재 … 이루 상-14·15장
맹자 110강	공자불모인 검자불탈인 … 이루 상-16·17장
맹자 111강	군자지불교자 하야 … 이루 상-18·19장
맹자 112강	유불우지예 유구전지훼 … 이루 상-20·21·22·23장
맹자 113강	혁세격문 … 이루 상-24·25장
맹자 114강	인의예지악 … 이루 상-26·27·28장
맹자 115강	순과 문왕은 오랑캐 사람이다 … 이루 하-1장
맹자 116강	군지시신여수족 즉신시군여복심 … 이루 하-2·3장
맹자 117강	군인막불인 군의막불의 … 이루 하-4·5·6·7장

맹자 118강	인유불위야 이후가이유위	… 이루 하-8·9·10·11장
맹자 119강	적자지심, 박학과 설약	… 이루 하-12·13·14·15장
맹자 120강	서자여사부 불사주야	… 이루 하-16·17·18장
맹자 121강	행이득지 좌이대단	… 이루 하-19·20장
맹자 122강	가이사 가이무사 사상용	… 이루 하-21·22·23장
맹자 123강	도올 대만 도교	
맹자 124강	방몽과 후쿠시마 원전	… 이루 하-24장
맹자 125강	미녀와 똥걸레	… 이루 하-25장
맹자 126강	맹자가 보여 준 인간상	… 이루 하-26·27장
맹자 127강	군자유종신지우 무일조지환야	… 이루 하-28장
맹자 128강	우, 직과 안자	… 이루 하-29장
맹자 129강	광장은 불효자가 아니다	… 이루 하-30장
맹자 130강	증자와 자사	… 이루 하-31·32장
맹자 131강	공동묘지의 썩은 잔치	… 이루 하-33장
맹자 132강	만장이 맹자에게 물었다	… 만장 상-1장
맹자 133강	순의 도덕적 이미지를 만들다	… 만장 상-2장
맹자 134강	순의 이복동생 상	… 만장 상-3장
맹자 135강	함구몽의 질문	… 만장 상-4장
맹자 136강	천시자아민시 천청자아민청	… 만장 상-5장
맹자 137강	정공 김대건 모리슨 마테오리치(홍콩 마카오기행)	
맹자 138강	선양의 미덕이 끊겼다	… 만장 상-6장
맹자 139강	선지각후지 선각각후각	… 만장 상-7장
맹자 140강	쥐와 닭과 윤회	
맹자 141강	어찌 공자가 그런 짓을 했겠는가	… 만장 상-8장
맹자 142강	료마와 백리해	… 만장 상-9장
맹자 143강	맹자의 공자론	… 만장 하-1장
맹자 144강	천자 공 후 백 자 남	… 만장 하-2장
맹자 145강	친구를 사귀는 원칙	… 만장 하-3장
맹자 146강	알랭 바디우와 도올의 만남	
맹자 147강	수세에 몰린 늙은 맹자	… 만장 하-4장
맹자 148강	위빈자 사존거비 사부거빈	… 만장 하-5장
맹자 149강	왕공이 존현하는 태도	… 만장 하-6장
맹자 150강	신과 민은 다르다	… 만장 하-7장
맹자 151강	나는 떠납니다	… 만장 하-8·9장
맹자 152강	고자와 맹자 논쟁의 서두	… 고자 상-1장
맹자 153강	고자의 인성론과 맹자의 논박	… 고자 상-2장
맹자 154강	생지위성 식색성야	… 고자 상-3·4장
맹자 155강	복잡계와 프랙탈구조	… 고자 상-5장
맹자 156강	누구나 선할 수 있다는 그 가능성	… 고자 상-6장

맹자 157강	도덕성의 근본은 우리 몸 … 고자 상-7장
맹자 158강	공자왈 조즉존 사즉망 … 고자 상-8장
맹자 159강	일일폭지 십일한지 … 고자 상-9장
맹자 160강	물고기요리와 웅장요리 … 고자 상-10장
맹자 161강	학문지도무타 구기방심이이의 … 고자 상-11·12장
맹자 162강	실존주의와 맹자 … 고자 상-13장
맹자 163강	몸은 선과 불선, 대와 소, 귀와 천의 복잡계 … 고자 상-14장
맹자 164강	이목지관불사 심지관즉사 선립호기대자 … 고자 상-15장
맹자 165강	사람이 준 것은 사람이 빼앗아 갈 수 있다 … 고자 상-16·17장
맹자 166강	인지승불인야 유수승화 … 고자 상-18·19·20장
맹자 167강	예와 식, 색과 예 … 고자 하-1장
맹자 168강	인간이라면 누구든지 요순이 될 수 있다 … 고자 하-2장
맹자 169강	소반 소인지시야 고재 고수지위시야 … 고자 하-3장
맹자 170강	문화대혁명과 월남전
맹자 171강	송경이 맹자와 만났다, 하필왈리? … 고자 하-4장
맹자 172강	새로운 철학의 가능성
맹자 173강	맹자의 곤조 … 고자 하-5장
맹자 174강	황희 정승과 파주 장단
맹자 175강	순우곤의 날선 비판과 맹자의 방어 … 고자 하-6장
맹자 176강	규구회맹의 다섯가지 약속 … 고자 하-7장
맹자 177강	니체의 초인, 약자의 르쌍띠망
맹자 178강	맹자는 철저한 평화주의자 … 고자 하-8장
맹자 179강	금지소위양신 고지소위민적 … 고자 하-9장
맹자 180강	백규왈 오욕이십이취일 하여? … 고자 하-10장
맹자 181강	우지치수 수지도야 … 고자 하-11·12장
맹자 182강	기위인야호선 호선우어천하 … 고자 하-13장
맹자 183강	벼슬에 나아가고 물러나는 세가지 원칙 … 고자 하-14장
맹자 184강	생어우환 사어안락 … 고자 하-15·16장
맹자 185강	심 성 천과 수신 입명 … 진심 상-1장
맹자 186강	재아자와 재외자 … 진심 상-2·3장
맹자 187강	만물개비어아 … 진심 상-4·5장
맹자 188강	서유구 칸트 나폴레옹 헤겔
맹자 189강	수치심을 잃어버린 우리 … 진심 상-6·7장
맹자 190강	세월호
맹자 191강	고지현왕호선이망세 고지현사하독불연 … 진심 상-8·9장
맹자 192강	측은지심이 없으면 인간이 아니라 했는데 … 진심 상-10·11장
맹자 193강	화이트헤드의 이성, to live better

맹자 194강	상하여천지동류 ··· 진심 상-12·13장
맹자 195강	인언과 인성, 선정과 선교 ··· 진심 상-14장
맹자 196강	양지 양능 ··· 진심 상-15장
맹자 197강	연변기행 1
맹자 198강	연변기행 2
맹자 199강	하고 싶지 않은 것을 하지 말라 ··· 진심 상-16·17장
맹자 200강	정기이물정 ··· 진심 상-18·19장
맹자 201강	기생색야수연 현어면 앙어배 시어사체 ··· 진심 상-20·21장
맹자 202강	젊은 날의 쌩쌩한 사회개혁가 맹자 ··· 진심 상-22장
맹자 203강	전체를 본다, 전관한다 ··· 진심 상-23·24장
맹자 204강	이를 탐하느냐 선을 실천하느냐 ··· 진심 상-25·26장
맹자 205강	성지 신지 가지 ··· 진심 상-27·28·29·30장
맹자 206강	기군용지즉안부존영 기자제종지즉효제충신 ··· 진심 상-31·32장
맹자 207강	상해 소주기행 1
맹자 208강	상해 소주기행 2
맹자 209강	상해 소주기행 3
맹자 210강	거인유의 ··· 진심 상-33·34장
맹자 211강	순시기천하유기폐사야 ··· 진심 상-34·35장
맹자 212강	거居 ··· 진심 상-36장
맹자 213강	천형, 몸으로 실천한다 ··· 진심 상-37·38장
맹자 214강	제선왕욕단상 ··· 진심 상-39장
맹자 215강	대장은 졸공을 위해 승묵을 개폐하지 않는다 ··· 진심 상-40·41장
맹자 216강	배우는 사람이 갖추어야 할 기본자세 ··· 진심 상-42·43장
맹자 217강	급선무 ··· 진심 상-44·45·46장
맹자 218강	그 사람 참 불인한 사람이었어 ··· 진심 하-1·2장
맹자 219강	인인은 본시 천하무적이다 ··· 진심 하-3·4장
맹자 220강	명인의 솜씨는 오로지 자득하는 것이다 ··· 진심 하-5·6·7장
맹자 221강	신행, 맹자 몸철학의 대명제 ··· 진심 하-8·9·10장
맹자 222강	국공허 상하란 재용부족 ··· 진심 하-11·12·13장
맹자 223강	변치사직 ··· 진심 하-14장
맹자 224강	성인은 백세지사다 ··· 진심 하-15·16·17장
맹자 225강	산경지혜 간개연용지이성로 ··· 진심 하-18·19·20·22장
맹자 226강	선인 신인 미인 대인 성인 신인 ··· 진심 하-23·24·25·26·27장
맹자 227강	기위인야소유재 미문군자지대도야 ··· 진심 하-29·30·31장
맹자 228강	우선 깔보는 것이 좋다 ··· 진심 하-32·33·34장
맹자 229강	양심막선어과욕 ··· 진심 하-35·36장
맹자 230강	향원과 사이비에 속지 마라 ··· 진심 하-37장
맹자 231강	부디 맹자의 꿈과 확신을 배우기를! ··· 진심 하-38장

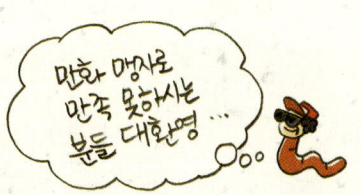

상세목차

이루 상하(離婁 上下)

孟子曰: "離婁之明, 公輸子之巧, 不以規矩, 不能成方員; · 8
맹자왈   이루지명 공수자지교 불이규구   불능성방원

孟子曰: "規矩, 方員之至也; 聖人, 人倫之至也. · 13
맹자왈   규구   방원지지야   성인   인륜지지야

孟子曰: "三代之得天下也以仁, 其失天下也以不仁. · 15
맹자왈   삼대지득천하야이인   기실천하야이불인

孟子曰: "愛人不親, 反其仁; 治人不治, 反其智; · 16
맹자왈   애인불친 반기인   치인불치 반기지

孟子曰: "人有恒言, 皆曰, '天下國家.' · 17
맹자왈   인유항언 개왈   천하국가

孟子曰: "爲政不難, 不得罪於巨室. · 17
맹자왈   위정불난 부득죄어거실

孟子曰: "天下有道, 小德役大德, 小賢役大賢; · 18
맹자왈   천하유도 소덕역대덕   소현역대현

孟子曰: "桀紂之失天下也, 失其民也; 失其民者, 失其心也. · 21
맹자왈   걸주지실천하야   실기민야   실기민자   실기심야

孟子曰: "自暴者, 不可與有言也; 自棄者, 不可與有爲也. · 24
맹자왈   자포자 불가여유언야   자기자 불가여유위야

孟子曰: "求也爲季氏宰, 無能改於其德, 而賦粟倍他日." · 25
맹자왈   구야위계씨재   무능개어기덕   이부속배타일

淳于髡曰: "男女授受不親, 禮與?" 孟子曰: "禮也." · 27
순우곤왈   남녀수수불친   예여   맹자왈   예야

公孫丑曰: "君子之不敎子, 何也?" 孟子曰: "勢不行也. · 29
공손추왈   군자지불교자 하야   맹자왈   세불행야

孟子曰: "人不足與適也, 政不足間也. 惟大人爲能格君心之非. · 30
맹자왈   인부족여적야   정부족간야   유대인위능격군심지비

孟子曰: "有不虞之譽, 有求全之毀." · 30
맹자왈   유불우지예   유구전지훼

孟子曰: "舜生於諸馮, 遷於負夏, 卒於鳴條, 東夷之人也. · 31
맹자왈   순생어저풍   천어부하   졸어명조 동이지인야

子産聽鄭國之政, 以其乘輿濟人於溱·洧. · 32
자산청정국지정   이기승여제인어진·유

孟子曰: "非禮之禮, 非義之義, 大人弗爲." · 33
맹자왈   비례지례   비의지의   대인불위

孟子曰："中也養不中, 才也養不才, 故人樂有賢父兄也." · 33
맹자왈　중야양부중　재야양부재　고인락유현부형야

孟子曰："人有不爲也, 而後可以有爲." · 34
맹자왈　인유불위야　이후가이유위

孟子曰："言人之不善, 當如後患何?" · 34
맹자왈　언인지불선　당여후환하

孟子曰："大人者, 不失其赤子之心者也." · 34
맹자왈　대인자　불실기적자지심자야

孟子曰："君子深造之以道, 欲其自得之也. · 35
맹자왈　군자심조지이도　욕기자득지야

孟子曰："博學而詳說之, 將以反說約也." · 35
맹자왈　박학이상설지　장이반설약야

徐子曰："仲尼亟稱於水, 曰'水哉, 水哉!' 何取於水也?" · 36
서자왈　중니기칭어수　왈 수재　수재　하취어수야

孟子曰："人之所以異於禽獸者幾希, 庶民去之, 君子存之. · 37
맹자왈　인지소이이어금수자기희　서민거지　군자존지

孟子曰："禹惡旨酒而好善言. 湯執中, 立賢無方. · 37
맹자왈　우오지주이호선언　탕집중　입현무방

孟子曰："王者之迹熄而詩亡, 詩亡然後春秋作." · 39
맹자왈　왕자지적식이시망　시망연후춘추작

孟子曰："君子之澤五世而斬, 小人之澤五世而斬." · 40
맹자왈　군자지택오세이참　소인지택오세이참

孟子曰："可以取, 可以無取, 取傷廉; · 40
맹자왈　가이취　가이무취　취상렴

逢蒙學射於羿, 盡羿之道, 思天下惟羿爲愈己, 於是殺羿. · 41
방몽학사어예　진예지도　사천하유예위유기　어시살예

孟子曰："君子所以異於人者, 以其存心也. · 45
맹자왈　군자소이이어인자　이기존심야

禹 · 稷當平世, 三過其門而不入, 孔子賢之. · 48
우　직당평세　삼과기문이불입　공자현지

齊人有一妻一妾而處室者, 其良人出, 則必饜酒肉而後反. · 50
제인유일처일첩이처실자　기양인출　즉필염주육이후반

만장 상하(萬章 上下)

萬章問曰："舜往于田, 號泣于旻天, 何爲其號泣也?" · 74
만장문왈　순왕우전　호읍우민천　하위기호읍야

萬章問曰："詩云, '娶妻如之何? 必告父母.'· 79
만장문왈　시운　취처여지하　필고부모

萬章曰："堯以天下與舜, 有諸?" · 85
만장왈　요이천하여순　유저

萬章問曰: "人有言, '至於禹而德衰, 不傳於賢, 而傳於子.'· 90
만장문왈 인유언 지어우이덕쇠 부전어현 이전어자

萬章問曰: "人有言, '伊尹以割烹要湯,' 有諸?"· 95
만장문왈 인유언 이윤이할팽요탕 유저

孟子曰: "伯夷, 目不視惡色, 耳不聽惡聲.· 99
맹자왈 백이 목불시오색 이불청오성

北宮錡問曰: "周室班爵祿也, 如之何?"· 105
북궁기문왈 주실반작록야 여지하

萬章問曰: "敢問友."· 109
만장문왈 감문우

孟子曰: "仕非爲貧也, 而有時乎爲貧;· 112
맹자왈 사비위빈야 이유시호위빈

萬章曰: "敢問不見諸侯, 何義也?"· 114
만장왈 감문불현제후 하의야

孟子謂萬章曰: "一鄕之善士, 斯友一鄕之善士;· 120
맹자위만장왈 일향지선사 사우일향지선사

고자 상하(告子 上下)

告子曰: "性, 猶杞柳也; 義, 猶桮棬也.· 136
고자왈 성 유기류야 의 유배권야

告子曰: "性猶湍水也, 決諸東方則東流, 決諸西方則西流.· 138
고자왈 성유단수야 결저동방즉동류 결저서방즉서류

公都子曰: "告子曰: '性無善無不善也.'· 140
공도자왈 고자왈 성무선무불선야

孟子曰: "富歲, 子弟多賴; 凶歲, 子弟多暴.· 144
맹자왈 부세 자제다뢰 흉세 자제다포

孟子曰: "牛山之木嘗美矣,· 149
맹자왈 우산지목상미의

孟子曰: "無或乎王之不智也.· 152
맹자왈 무혹호왕지부지야

孟子曰: "魚, 我所欲也; 熊掌, 亦我所欲也.· 154
맹자왈 어 아소욕야 웅장 역아소욕야

孟子曰: "仁, 人心也; 義, 人路也.· 158
맹자왈 인 인심야 의 인로야

孟子曰: "今有無名之指, 屈而不信, 非疾痛害事也.· 159
맹자왈 금유무명지지 굴이불신 비질통해사야

孟子曰: "拱把之桐梓, 人苟欲生之, 皆知所以養之者.· 160
맹자왈 공파지동재 인구욕생지 개지소이양지자

孟子曰: "人之於身也, 兼所愛.· 161
맹자왈 인지어신야 겸소애

公都子問曰：〝鈞是人也，或爲大人，或爲小人，何也？〞·164
공도자문왈 균시인야 혹위대인 혹위소인 하야

孟子曰：〝有天爵者，有人爵者．·166
맹자왈 유천작자 유인작자

孟子曰：〝欲貴者，人之同心也．·167
맹자왈 욕귀자 인지동심야

曹交問曰：〝人皆可以爲堯·舜，有諸？〞孟子曰：〝然．〞·169
조교문왈 인개가이위요 순 유저 맹자왈 연

宋牼將之楚，孟子遇於石丘，·172
송경장지초 맹자우어석구

孟子曰：〝五霸者，三王之罪人也；·176
맹자왈 오패자 삼왕지죄인야

孟子曰：〝今之事君者曰，'我能爲君辟土地，充府庫．'·181
맹자왈 금지사군자왈 아능위군벽토지 충부고

孟子曰：〝舜發於畎畝之中，傅說擧於版築之間，·183
맹자왈 순발어견묘지중 부열거어판축지간

진심 상하(盡心 上下)

孟子曰：〝盡其心者，知其性也．知其性，則知天矣．·202
맹자왈 진기심자 지기성야 지기성 즉지천의

孟子曰：〝莫非命也，順受其正．·203
맹자왈 막비명야 순수기정

孟子曰：〝求則得之，舍則失之，·204
맹자왈 구즉득지 사즉실지

孟子曰：〝萬物皆備於我矣．·204
맹자왈 만물개비어아의

孟子曰：〝人不可以無恥，無恥之恥，無恥矣．〞·205
맹자왈 인불가이무치 무치지치 무치의

孟子曰：〝恥之於人大矣，爲機變之巧者，無所用恥焉．·205
맹자왈 치지어인대의 위기변지교자 무소용치언

孟子曰：〝待文王而後興者，凡民也．·206
맹자왈 대문왕이후흥자 범민야

孟子曰：〝以佚道使民，雖勞不怨；·206
맹자왈 이일도사민 수로불원

孟子曰：〝霸者之民，驩虞如也；王者之民，皞皞如也．·207
맹자왈 패자지민 환우여야 왕자지민 호호여야

孟子曰：〝仁言，不如仁聲之入人深也；·208
맹자왈 인언 불여인성지입인심야

孟子曰：〝人之所不學而能者，其良能也；·208
맹자왈 인지소불학이능자 기양능야

孟子曰: "舜之居深山之中, 與木石居, 與鹿豕遊, · 209
맹자왈   순지거심산지중   여목석거   여록시유

孟子曰: "無爲其所不爲, 無欲其所不欲, 如此而已矣." · 209
맹자왈   무위기소불위   무욕기소불욕   여차이이의

孟子曰: "人之有德慧術知者, 恒存乎疢疾. · 210
맹자왈   인지유덕혜술지자   항존호진질

孟子曰: "有事君人者, 事是君則爲容悅者也; · 210
맹자왈   유사군인자   사시군즉위용열자야

孟子曰: "君子有三樂, 而王天下不與存焉. · 211
맹자왈   군자유삼락   이왕천하불여존언

孟子曰: "廣土衆民, 君子欲之, 所樂不存焉. · 212
맹자왈   광토중민   군자지욕   소락부존언

孟子曰: "易其田疇, 薄其稅斂, 民可使富也. · 213
맹자왈   역기전주   박기세렴   민가사부야

孟子曰: "孔子登東山而小魯, 登泰山而小天下. · 214
맹자왈   공자등동산이소로   등태산이소천하

孟子曰: "楊子取爲我, 拔一毛而利天下, 不爲也. · 215
맹자왈   양자취위아   발일모이리천하   불위야

孟子曰: "飢者甘食, 渴者甘飮, · 216
맹자왈   기자감식   갈자감음

公孫丑曰: "詩曰, '不素餐兮.' 君子之不耕而食, 何也?" · 217
공손추왈   시왈   불소찬혜   군자지불경이식   하야

王子墊問曰: "士何事?" 孟子曰: "尙志." · 218
왕자점문왈   사하사   맹자왈   상지

桃應問曰: "舜爲天子, 皐陶爲士, 瞽瞍殺人, 則如之何?" · 219
도응문왈   순위천자   고요위사   고수살인   즉여지하

孟子曰: "形色, 天性也. 惟聖人, 然後可以踐形." · 221
맹자왈   형색   천성야   유성인   연후가이천형

孟子曰: "君子之所以敎者五: · 221
맹자왈   군자지소이교자오

公孫丑曰: "道則高矣, 美矣, 宜若似登天然, 似不可及也. · 222
공손추왈   도즉고의   미의   의약사등천연   사불가급야

公都子曰: "滕更之在門也, 若在所禮, 而不答, 何也?" · 223
공도자왈   등갱지재문야   약재소례   이부답   하야

孟子曰: "知者無不知也, 當務之爲急; · 224
맹자왈   지자무부지야   당무지위급

孟子曰: "春秋無義戰. 彼善於此, 則有之矣. · 225
맹자왈   춘추무의전   피선어차   즉유지의

孟子曰: "盡信書, 則不如無書. · 225
맹자왈   진신서   즉불여무서

孟子曰:"有人曰:'我善爲陳, 我善爲戰.' 大罪也.. · 226
맹자왈 유인왈 아선위진 아선위전 대죄야

孟子曰:"梓匠輪輿能與人規矩, 不能使人巧." · 228
맹자왈 재장륜여능여인규구 불능사인교

孟子曰:"身不行道, 不行於妻子; · 228
맹자왈 신불행도 불행어처자

孟子曰:"周于利者, 凶年不能殺; · 229
맹자왈 주우리자 흉년불능살

孟子曰:"好名之人, 能讓千乘之國. · 229
맹자왈 호명지인 능양천승지국

孟子曰:"民爲貴, 社稷次之, 君爲輕. · 230
맹자왈 민위귀 사직차지 군위경

孟子曰:"聖人, 百世之師也, 伯夷·柳下惠是也. · 232
맹자왈 성인 백세지사야 백이 유하혜시야

孟子曰:"仁也者, 人也. 合而言之, 道也." · 233
맹자왈 인야자 인야 합이언지 도야

孟子謂高子曰:"山徑之蹊, 間介然用之而成路; · 234
맹자위고자왈 산경지혜 간개연용지이성로

孟子曰:"口之於味也, 目之於色也, 耳之於聲也, · 235
맹자왈 구지어미야 목지어색야 이지어성야

浩生不害問曰:"樂正子何人也?" · 236
호생불해문왈 악정자하인야

孟子曰:"逃墨必歸於楊, 逃楊必歸於儒.. · 238
맹자왈 도묵필귀어양 도양필귀어유

孟子曰:"諸侯之寶三: 土地, 人民, 政事.. · 238
맹자왈 제후지보삼 토지 인민 정사

孟子曰:"言近而指遠者, 善言也; · 239
맹자왈 언근이지원자 선언야

孟子曰:"堯·舜, 性者也; 湯·武, 反之也.. · 240
맹자왈 요 순 성자야 탕 무 반지야

孟子曰:"說大人, 則藐之, 勿視其巍巍然.. · 241
맹자왈 세대인 즉묘지 물시기외외연

孟子曰:"養心莫善於寡欲.. · 242
맹자왈 양심막선어과욕

曾晳嗜羊棗, 而曾子不忍食羊棗.. · 243
증석기양조 이증자불인식양조

萬章問曰:"孔子在陳, · 244
만장문왈 공자재진

孟子曰:"由堯·舜至於湯, 五百有餘歲.. · 251
맹자왈 유요 순지어탕 오백유여세

도올만화맹자 2

2016년 12월 21일 초판발행
2016년 12월 21일 1판 1쇄

지은이·보현·안승희
펴낸이·남호섭
편집책임·김인혜
편집·제작·오성룡 임진권 신수기
채색·안승희 박진숙
본문디자인·권진영
표지디자인·박현택
펴낸곳·통나무

주소·서울 종로구 동숭동 199-27
전화·(02) 744-7992
팩스·(02) 762-8520
출판등록·1989.11.3. 제1-970호
값·14,500원

ⓒ 보현·안승희, 2016

ISBN 978-89-8264-508-2 (47140)
ISBN 978-89-8264-506-8 (전2권)